T0209501

essentials

essentials liefern aktuelles Wissen in konzentrierter Form. Die Essenz dessen, worauf es als „State-of-the-Art" in der gegenwärtigen Fachdiskussion oder in der Praxis ankommt. *essentials* informieren schnell, unkompliziert und verständlich

- als Einführung in ein aktuelles Thema aus Ihrem Fachgebiet
- als Einstieg in ein für Sie noch unbekanntes Themenfeld
- als Einblick, um zum Thema mitreden zu können

Die Bücher in elektronischer und gedruckter Form bringen das Fachwissen von Springerautor*innen kompakt zur Darstellung. Sie sind besonders für die Nutzung als eBook auf Tablet-PCs, eBook-Readern und Smartphones geeignet. *essentials* sind Wissensbausteine aus den Wirtschafts-, Sozial- und Geisteswissenschaften, aus Technik und Naturwissenschaften sowie aus Medizin, Psychologie und Gesundheitsberufen. Von renommierten Autor*innen aller Springer-Verlagsmarken.

Heinz Welsch

Glück, Natur und Moral in der Wirtschaftswissenschaft

Moderne Ökonomik und die Herausforderungen des 21. Jahrhunderts

 Springer Gabler

Heinz Welsch
Universität Oldenburg
Institut für Volkswirtschaftslehre
Oldenburg, Deutschland

ISSN 2197-6708   ISSN 2197-6716   (electronic)
essentials
ISBN 978-3-658-41803-8   ISBN 978-3-658-41804-5   (eBook)
https://doi.org/10.1007/978-3-658-41804-5

Die Deutsche Nationalbibliothek verzeichnet diese Publikation in der Deutschen Nationalbibliografie; detaillierte bibliografische Daten sind im Internet über http://dnb.d-nb.de abrufbar.

Planung/Lektorat: Isabella Hanser
Springer Gabler ist ein Imprint der eingetragenen Gesellschaft Springer Fachmedien Wiesbaden GmbH und ist ein Teil von Springer Nature.
Die Anschrift der Gesellschaft ist: Abraham-Lincoln-Str. 46, 65189 Wiesbaden, Germany

Was Sie in diesem *essential* finden können

- Einen Überblick über Konzepte und Erkenntnisse, die für die globalen Herausforderungen der Gegenwart (Klima, Artenvielfalt, Nachhaltigkeit) von zentraler Bedeutung sind.
- Eine Darstellung des Zusammenspiels von Glück, Natur und Moral als Gegenständen moderner Wirtschaftswissenschaft.
- Eine kompakte und verständliche Zusammenfassung aktueller Forschungsergebnisse.

Vorwort

Die Volkswirtschaftslehre hat bis vor kurzem die Themen Wohlergehen, Natur und Moral weitgehend ignoriert oder bestenfalls isoliert voneinander behandelt. Dadurch war sie schlecht gerüstet, um mit den globalen Herausforderungen der Gegenwart umzugehen, darunter Klimawandel, Verlust der Artenvielfalt, Nachhaltigkeit und die Gefahr von Pandemien. Das Buch gibt einen Überblick über die aktuelle Forschung und zeigt, dass in jüngster Zeit mit dem Fokus auf menschlichem Wohlergehen (Glück), natürlichen Ressourcen und moralischen Werten drei Themen wieder in die ökonomische Analyse aufgenommen wurden, die im frühen ökonomischen Denken bereits vorhanden waren und die für die bevorstehenden Herausforderungen zentral sind. Das Buch zeigt, dass die natürliche Umwelt für das menschliche Wohlergehen von entscheidender Bedeutung ist und moralische Werte für umweltverträgliches Verhalten unerlässlich sind. Es richtet sich an Studierende und Lehrende der Wirtschafts- und Sozialwissenschaften und an interessierte Laien.

Heinz Welsch

Inhaltsverzeichnis

Wirtschaftswissenschaft und die aktuellen Herausforderungen

1

1.1 Was sind die drängenden ökonomischen Probleme?

Die ersten Jahrzehnte des 21. Jahrhunderts waren gekennzeichnet durch mehrere globale Herausforderungen, insbesondere die globale Finanzkrise (2008–2009) und die Covid-Pandemie ab 2019. Obwohl es ich dabei um einzelne Ereignisse handelte, waren sie Ausdruck struktureller Probleme des globalen Finanz- bzw. Gesundheitssystems. Andere strukturelle Herausforderungen sind diejenigen, die in den Sustainable Development Goals der Vereinten Nationen benannt sind, unter anderem Hunger, Armut, Ungleichheit, Klimawandel und der Verlust an Artenvielfalt (United Nations, 2021).

Diese Diagnose globaler Herausforderungen steht im Einklang mit der Sicht tausender Studierender der Wirtschaftswissenschaft und ihrer Motivation, dieses Fach zu wählen. Im Zeitraum 2016 bis 2018 beantworteten mehr als 4400 Studierende an 25 Universitäten in zwölf Ländern am ersten Tag ihres Studiums die Frage: „Was ist das drängendste Problem, mit dem sich Wirtschaftswissenschaftler beschäftigen sollten"? Während „Arbeitslosigkeit" und „Inflation" vielfach genannt wurden, lag „Ungleichheit", gefolgt von „Umwelt" und „Nachhaltigkeit", an der Spitze. In einer späteren Befragung (2019) lag „Klimawandel" fast gleichauf mit „Ungleichheit" (Bowles & Carlin, 2020). Passend dazu trug die Nobelpreisvorlesung von William Nordhaus den Titel „Climate Change: The Ultimate Challenge for Economics" (Nordhaus, 2019).

Die Besorgnis bezüglich Ungleichheit, Nachhaltigkeit und Klimawandel erscheint berechtigt im Licht diesbezüglicher Daten. Sowohl zwischen als auch innerhalb einzelner Länder ist die Einkommensverteilung höchst ungleich. So sind die reichsten zehn Prozent der Menschen in den zehn Prozent der ärmsten Länder ärmer als die ärmsten zehn Prozent der Menschen in den zehn Prozent

© Der/die Autor(en), exklusiv lizenziert an Springer Fachmedien Wiesbaden GmbH, ein Teil von Springer Nature 2023
H. Welsch, *Glück, Natur und Moral in der Wirtschaftswissenschaft*, essentials, https://doi.org/10.1007/978-3-658-41804-5_1

der reichsten Länder (Rodrik, 2011). Zusätzlich zur Ungleichheit zwischen Ländern ist die Ungleichheit innerhalb von Ländern hoch. Selbst in Norwegen, einem Land mit geringer Ungleichheit, ist das Einkommen der zehn Prozent Reichsten mehr als fünfmal so hoch wie das der zehn Prozent Ärmsten; in den USA ist es 16 mal so hoch (CORE Team, 2017). Ferner nahm die Ungleichheit in vielen Ländern in den letzten Jahrzehnten zu. So stieg der Einkommensanteil des reichsten Hundertstels in den USA von rund neun Prozent in den frühen 1970er Jahren auf knapp 20 % kurz nach der globalen Finanzkrise (Piketty, 2014).

Hinsichtlich Umwelt und Nachhaltigkeit sind der Klimawandel und der Rückgang der Artenvielfalt die drängendsten Probleme. Der Klimawandel aufgrund der Emission von Kohlendioxid (CO_2) und anderen sogenannten Treibhausgasen hat weitreichende Auswirkungen auf Ökosysteme, die Wirtschaft und das menschliche Wohlergehen (IPCC, 2022). Entscheidend für den Klimawandel ist die *weltweite Summe* der Emissionen – vorwiegend aufgrund der Nutzung fossiler Brennstoffe (Kohle, Erdöl und Erdgas) sowie Entwaldung – unabhängig vom Ursprungsort der Emissionen. Diese haben sich seit 1950 versechsfacht. Jede Rückführung der Emissionen führt zu einem Rückgang der Klimaschäden weltweit. Diesem weltweiten Nutzen stehen jedoch Kosten durch den Verzicht auf die fossilen Energieträger (Dekarbonisierung) gegenüber. Nach einer gängigen Schätzung beläuft sich der Nutzen einer weltweiten Dekarbonisierung – in Form vermiedener Klimaschäden – auf rund fünf Prozent des Welt-Sozialprodukts, während die Kosten rund ein Prozent betragen (Stern, 2007). Jedoch ist bei der Abschätzung des Nutzens des Klimaschutzes noch nicht berücksichtigt, dass damit die Gefahr des Überschreitens sogenannter Kipp-Punkte des Klimasystems (Steffen et al., 2018) vermindert werden kann.

Eng verbunden mit dem Klimawandel ist der Rückgang der Artenvielfalt (Biodiversität). Hierdurch werden unter anderem die Widerstandsfähigkeit der Landwirtschaft, das genetische Reservoir für die Entwicklung von Medikamenten und die Fähigkeit zum Binden von CO_2 reduziert. Die Biodiversität hat zwischen 1992 und 2014 aufgrund von Änderungen der Landnutzung (beispielsweise Entwaldung) um rund 40 % abgenommen (Dasgupta, 2021).

1.2   Öffentliche Güter und moralisches Handeln

Die skizzierten drängenden ökonomischen Probleme stellen nicht nur aufgrund ihres Umfangs große Herausforderungen dar, sondern wegen eines grundlegenden inhärenten Merkmals: Ein funktionierendes Klimasystem und ein hohes

Maß an Biodiversität sind öffentliche Güter. Diese sind durch zwei Eigenschaften gekennzeichnet: Die Nutzung des Gutes durch eine Person schränkt die Nutzungsmöglichkeiten für andere Personen nicht ein (Nicht-Rivalität), und kein potenzieller Nutzer kann von der Nutzung ausgeschlossen werden (Nicht-Ausschließbarkeit). Beispielsweise wird der Nutzen, den der Schutz des Klimasystems einer Person stiftet, nicht dadurch tangiert, dass eine andere Person Nutzen daraus zieht; gleichzeitig kann kein Nutznießer des Klimaschutzes von diesem Nutzen ausgeschlossen werden.

Die Nicht-Ausschließbarkeit hat weitreichende Auswirkungen auf die Bereitstellung öffentlicher Güter: Wenn niemand von ihrem Nutzen ausgeschlossen werden kann, wird rationaler Weise niemand die Kosten ihrer Bereitstellung auf sich nehmen, sondern sich als „Trittbrettfahrer" verhalten. Da Nutznießer somit nicht zum Zahlen veranlasst werden können, werden öffentliche Güter nicht von privaten Akteuren bereitgestellt. Vielmehr erfolgt die Bereitstellung typischerweise durch den Staat. Beispielsweise sorgt der Staat für ein funktionierendes Rechtswesen und finanziert es durch die Steuern der Staatsbürger.

Obwohl sowohl das Rechtswesen als auch Klima und Biodiversität öffentliche Güter sind, haben die letzteren ein entscheidendes zusätzliches Merkmal: Es sind *globale* öffentliche Güter, das heißt, der Nutzen von Maßnahmen zu ihrer Erhaltung beschränkt sich nicht auf ein Land, und Nutznießer außerhalb eines Landes, das solche Maßnahmen ergreift, können sich als Trittbrettfahrer verhalten. Hinzu kommt, dass Maßnahmen jedes einzelnen Landes vielfach nur einen geringen Beitrag zum Erhalt des globalen öffentlichen Gutes leisten. So beträgt etwa der Anteil Deutschlands an den globalen CO_2-Emissionen nur rund zwei Prozent, sodass selbst eine vollständige Dekarbonisierung Deutschlands nur geringe Auswirkungen auf das Klima hat. Somit ist der Klimanutzen von Maßnahmen eines einzelnen Landes typischerweise gering und steht in keinem Verhältnis zu den Kosten eines Verzichtes auf Kohle, Öl und Gas.

Klimaschutz lohnt sich deshalb, wie oben dargestellt, zwar global, das heißt, wenn hinreichend viele Staaten und Individuen sich beteiligen (kollektive Rationalität), aber genau dies – das freiwillige, kooperative Handeln – wird durch die Möglichkeit zum Trittbrettfahren untergraben (individuelle Rationalität). Das gleiche gilt für andere länderübergreifende und globale öffentliche Güter.

Das Problem der freiwilligen Kooperation zur Bereitstellung öffentlicher Güter hat im Fall globaler öffentlicher Güter einen nie dagewesenen Umfang angenommen, ist aber als solches keineswegs neu, sondern hat die Menschheit von Anbeginn begleitet. Das Mittel zur Lösung des Problems ist moralisches Handeln, genauer: deontologisches moralisches Handeln. Dabei bedeutet „deontologisch", dass Handlungen nicht (nur) in Hinblick auf ihre sozial erwünschten Ergebnisse oder Auswirkungen ergriffen werden, sondern weil sie für die Handelnden *per se* „richtig" sind.

Deontologische Moral ist das Gegenstück zu konsequenzialistischer Moral, einer Moral, die sich an den (erwarteten) Auswirkungen (Konsequenzen) von Handlungen orientiert. Bezogen auf globale öffentliche Güter ist konsequenzialistische Moral von geringem Nutzen. Beispielsweise hätte, wie beschrieben, eine vollständige Dekarbonisierung Deutschlands kaum Auswirkungen auf das Weltklima. Dies gilt erst recht für klimaschützende Handlungen Einzelner. Deshalb ist es fraglich, inwieweit konsequenzialistische Moral solche Handlungen befördert. Eine hinreichend weit verbreitete dentologische Moral hingegen bewirkt, dass kollektiv rationale Handlungen trotz geringer Wirksamkeit des Handelns Einzelner von einer Vielzahl von Akteuren ergriffen werden.

Deontologische Moral – auch bekannt als Pflichtethik – ist von ausschlaggebender Bedeutung für die kooperative Bereitstellung öffentlicher Güter. Gemäß einer funktionalistischen Auffassung von menschlicher Moral hat sich eine Neigung zu solchem moralischen Handeln in der biologisch-kulturellen Evolution genau deshalb herausgebildet, weil dadurch die Tendenz zum Trittbrettfahrerverhalten in Situationen, die kooperatives Handeln erfordern, eingedämmt wird (Tomasello, 2016).

Während volkswirtschaftliche Modelle für mehr als zwei Jahrhunderte rein konsequenzialistisch ausgerichtet waren, haben deontologische Faktoren im Allgemeinen und moralische Werte im Speziellen in den letzten drei Jahrzehnten zunehmenden Raum in der modernen Volkswirtschaftslehre eingenommen, nicht zuletzt aufgrund der wachsenden Bedeutung von Gütern, deren Bereitstellung durch konsequenzialistische Verhaltensmodelle nicht angemessen analysiert werden kann (Andreoni, 1988, 1990).

1.3   Die Renaissance von Natur, Glück und Moral in der Volkswirtschaftslehre

Die Volkswirtschaftslehre hat über weite Strecken des 19. und 20. Jahrhunderts Wohlfahrt und Wohlergehen mit der Menge an produzierten Gütern und Dienstleistungen gleichgesetzt und dabei die wichtige Rolle vernachlässigt, die die Natur und andere Güter spielen, die nicht das Ergebnis wirtschaftlicher Aktivität sind. Da produzierte Güter typischerweise private Güter sind – gekennzeichnet durch Ausschließbarkeit – lag der Fokus der Ökonomik auf Wettbewerbsmärkten als den adäquaten Institutionen, um Verbraucher mit dem zu versorgen, was sie brauchen. Wie Adam Smith (1776) in seinem Buch *The Wealth of Nations* beschrieb, wirken Märkte wie eine „unsichtbare Hand", die die Interessen der Gesellschaft fördert, ohne dass die Marktteilnehmer etwas anderes als ihre Eigeninteressen verfolgen müssen – vorausgesetzt, dass die Interessen der Gesellschaft auf Wohlstand, verstanden als Verfügbarkeit privater Güter, hinauslaufen.

Das volkswirtschaftliche Standardmodell ist daher gekennzeichnet durch eine weitgehende Vernachlässigung der Bedeutung von Natur und anderen nichtprivaten Gütern, eine enge Vorstellung von „Wohlfahrt als Wohlstand" und eine Fokussierung auf Eigeninteresse als treibende Kraft des wirtschaftlichen Verhaltens. Mit diesen Merkmalen ist das Standard- oder neoklassische Modell enger gefasst als sein Vorgänger, die klassische Ökonomik, in der die ökonomische Bedeutung der Natur, eine ganzheitlichere Vorstellung von „Wohlfahrt als Wohlergehen" und die Rolle von Moral – im Gegensatz zu Interessen – eine Rolle spielten. Alle drei Themen traten im neoklassischen Modell in den Hintergrund und erlebten erst im letzten Viertel des 20. Jahrhunderts ein Comeback.

Die Natur war in der klassischen Ökonomik hauptsächlich in Form von Land präsent, dessen Quantität und Qualität für die landwirtschaftliche Produktion ausschlaggebend war. Mit dem Aufstieg der Industrie im Europa des 19. Jahrhunderts und der relativ geringeren Rolle der Landwirtschaft verschwanden Land und andere natürliche Ressourcen jedoch allmählich von der Agenda. Die Aufmerksamkeit für natürliche Ressourcen nahm ab, als sich der Fokus der Ökonomen auf den *Mehrwert* verlagerte, der den Ressourcen durch den Einsatz von Arbeit und Kapital hinzugefügt wurde. Bis heute herrscht in der Volkswirtschaftslehre eine Betonung der Wertschöpfung (des Mehrwerts) vor, was sich darin äußert, dass das Bruttoinlandsprodukt (BIP) – ein Maß für die Wertschöpfung – das Standardmaß für die Wirtschaftsleistung ist.

Während bis zum Beginn der 1970er Jahre natürliche Ressourcen in der Volkswirtschaftslehre kaum eine Rolle spielten, bekamen sie ab da wieder zunehmendes Gewicht. Ausgelöst durch die „Ölkrise" einerseits und zunehmende Umweltverschmutzung andererseits wurden natürliche Ressourcen und die natürliche Umwelt zu aktuellen Themen und zum Gegenstand von Lehrbüchern (Dasgupta und Heal, 1979 bzw. Mäler, 1974). Verstärkt wurde diese Tendenz durch das zunehmende Bewusstsein für den globalen Klimawandel in den 1980er und 1990er Jahren (Nordhaus, 1994).

Eng verknüpft mit der Fokussierung der neoklassischen Ökonomik auf produzierte Güter (Wertschöpfung) ist ihr Verständnis von Wohlfahrt als Wohlstand. Im Gegensatz dazu war der Wohlfahrtsbegriff der klassischen Ökonomen das menschliche Wohlergehen, das oft als Nutzen oder Glück bezeichnet wurde. Wohlfahrt war aus Sicht des Utilitarismus „das größte Glück der größten Zahl" (Bentham, 1780). Die Ökonomik wurde als Wissenschaft vom Glück aufgefasst, und das Glück wurde auch im frühen neoklassischen Denken weiterhin als die Zielgröße wirtschaftlichen Handelns angesehen (Jevons, 1871).

Die Auffassung von Wohlfahrt als Glück stieß jedoch bald auf Kritik, da die Messung des Nutzens im Sinne von Glück nicht nur als unmöglich galt; sie war auch unnötig: Beschränkt sich die ökonomische Analyse auf Marktgüter, spiegeln deren Preise die Zahlungsbereitschaft der Konsumenten wider, die wiederum den Nutzen anzeigt, den sie aus den Gütern ziehen. Die produzierten Gütermengen, gewichtet mit ihren Preisen, stellen dann den geschaffenen Wohlstand dar, und der Wohlstand eines Individuums oder einer Nation ist das Maß der individuellen und gesamtwirtschaftlichen Wohlfahrt.

Während das nationale Wohlergehen über einen Großteil des 20. Jahrhunderts mit dem Wohlstand, gemessen am BIP, gleichgesetzt wurde, entstanden Zweifel an der Eignung des BIP nicht nur aufgrund konzeptioneller Mängel (wie der Vernachlässigung nichtmarktbezogener Wirtschaftsaktivitäten), sondern aus der Beobachtung, dass die enormen Steigerungen des BIP der entwickelten Volkswirtschaften nach dem Zweiten Weltkrieg nicht mit einem entsprechenden Anstieg der individuellen Lebenszufriedenheit und ähnlichen Indikatoren des subjektiven Wohlergehens (SW) einhergingen (Easterlin, 1974; Easterlin et al., 2010).

Während das Konzept und die Messung von SW – auch als Glück bezeichnet – bei Ökonomen zunächst auf Skepsis stießen, ist die Verwendung von SW-Daten mittlerweile in der Ökonomik weit verbreitet. SW-Daten werden verwendet, um Bestimmungsfaktoren des Wohlergehens zu identifizieren und den *trade-off* zwischen Marktgütern (Wohlstand) und nicht marktbezogenen Gütern (beispielsweise Umweltqualität) zu berechnen (Welsch, 2002).

Mit der Fokussierung der neoklassischen Ökonomik auf private produzierte Güter hängt auch eine Vernachlässigung moralischer oder ethischer Erwägungen als Determinanten wirtschaftlichen Verhaltens zusammen. Wie oben beschrieben, gewährleistet die Verfolgung von Eigeninteresse (individuelle Rationalität) die sozial erwünschte (kollektiv rationale) Bereitstellung privater Güter. Bei öffentlichen Gütern hingegen herrscht Unterversorgung, wenn die jeweiligen Aktivitäten ausschließlich von Eigeninteressen geleitet werden. Hier kommt – wie dargestellt – moralisches Verhalten ins Spiel.

Moralisches Verhalten war interessanterweise das Thema eines Buches, das Adam Smith 17 Jahre vor seinem Lob der „unsichtbaren Hand" in *The Wealth of Nations* veröffentlicht hatte. In seiner *Theory of Moral Sentiments* (Smith, 1759) argumentierte er, dass menschliches Verhalten teilweise von inneren Gefühlen für „richtig" und „falsch" geleitet wird, und nicht von rationalem Kalkül. Aus den moralischen Gefühlen entstehen Pflichten gegenüber anderen, die in unterschiedlicher Intensität auftreten. Die stärksten Pflichten ergeben sich aus persönlicher Vertrautheit. Sie gelten am stärksten und bedingungslos für unsere Kinder und nahen Verwandten, erstrecken sich aber auch auf alle, die wir kennen. Die schwächste Verpflichtung besteht gegenüber entfernten Menschen in Not. Smiths Arbeit über moralisches Verhalten ist in mehrfacher Hinsicht bemerkenswert. Erstens bezieht sich Smiths Vorstellung davon, welche Verhaltensweisen richtig und falsch sind, nicht auf die Ergebnisse oder Konsequenzen der Verhaltensweisen. Dies unterscheidet sich von der konsequenzialistischen Vorstellung, nach der der Maßstab für Recht und Unrecht auf der Ergebnisebene liegt, beispielsweise „das größte Glück der größten Zahl" ist. Zweitens verfolgt Smith einen intuitionistischen Ansatz, das heißt, er betrachtet moralische Verpflichtungen als auf inneren Gefühlen beruhend, anstatt sie durch axiomatisches Denken zu begründen oder „abzuleiten", wie dies typischerweise in der Moralphilosophie der Fall ist. Dieser Ansatz ist dem intuitionistischen Moralansatz der modernen Moralpsychologie sehr ähnlich (Haidt, 2012). Drittens passt Smiths Idee der Intensität moralischer Verpflichtungen in Abhängigkeit von (mentaler oder geografischer) Nähe gut zur Unterscheidung der modernen Moralpsychologie zwischen gruppenorientierten (parochialen) und individuenorientierten (universalistischen) moralischen Werten: Während erstere nur für Mitglieder der eigenen Gruppe gelten, gelten letztere unparteiisch für alle Individuen (Haidt, 2012).

Während moralisches Verhalten und die ihm zugrunde liegenden Werte bis vor kurzem in der Ökonomik weitgehend abwesend waren, erlebten sie ein Comeback mit dem zunehmenden Bewusstsein für die weitreichenden Herausforderungen, deren Lösung derartige Verhaltensweisen erfordert.

Fazit

In den letzten Jahren erlebten Natur, menschliches Wohlergehen und moralische Werte eine Renaissance in der Volkswirtschaftslehre. Dem lagen drei Entwicklungen zugrunde: a) durch die Verschlechterung der natürlichen Umwelt war es nicht länger möglich, soziale Wohlfahrt auf materiellen Wohlstand zu reduzieren; b) alternative Indikatoren für Wohlfahrt und Wohlergehen wurden verfügbar; c) globale Herausforderungen gewannen an Dringlichkeit, die durch individuell rationales Handeln nicht angemessen angegangen werden können, sondern moralisches Handeln erfordern.

Wohlfahrtsmessung und subjektives Wohlergehen

2

2.1 Wohlfahrt als Wohlstand

Das gebräuchlichste Maß für den Wohlstand eines Landes ist das Bruttoinlandsprodukt (BIP). Das BIP wurde in den 1930er Jahren als wirtschaftsstatistisches Konzept entwickelt und ist heute die wichtigste Kenngröße zur Messung der gesamtwirtschaftlichen Aktivität (United Nations, 1993). Das BIP misst den Wert aller Waren und Dienstleistungen, die von den gebietsansässigen Einheiten (Privatunternehmen und öffentlicher Sektor) eines Landes während eines bestimmten Zeitraums produziert werden, abzüglich des Werts der Rohstoffe, Vorprodukte und Vorleistungen, die zur Herstellung dieser Waren und Dienstleistungen verwendet wurden. Das BIP ist somit ein Maß für die Wertschöpfung, die durch die Produktion von Waren und Dienstleistungen in einem Land und Zeitraum stattfindet. Gleichzeitig misst das BIP das bei der Produktion geschaffene gesamtwirtschaftliche Einkommen, zusammengesetzt aus den Einkommen, die den primären Produktionsfaktoren – Arbeit und Kapital – und dem Staat (aus den auf Waren und Dienstleistungen erhobenen Steuern) zufließen.

Obwohl das BIP Wohlfahrt nur in einem eingeschränkten Sinne – nämlich „Wohlfahrt als Wohlstand" – beschreibt, ist es auch als Maß des Wohlstandes mit einer Reihe von Mängeln behaftet.

Der erste Mangel ist, dass nicht alles, was zum Wohlstand beiträgt, im BIP enthalten ist, da das BIP nur marktbestimmte Güter und Dienstleistungen, die von privaten Unternehmen bereitgestellt werden, und nicht marktbestimmte Güter, die vom Staat bereitgestellt werden, umfasst. Andere Güter und ihnen zugrunde liegende Aktivitäten tragen ebenfalls zum Wohlstand bei, sind aber nicht im BIP enthalten. Klassische Beispiele sind unbezahlte Hausarbeit und ehrenamtliche Tätigkeiten.

© Der/die Autor(en), exklusiv lizenziert an Springer Fachmedien Wiesbaden GmbH, ein Teil von Springer Nature 2023
H. Welsch, *Glück, Natur und Moral in der Wirtschaftswissenschaft*, essentials, https://doi.org/10.1007/978-3-658-41804-5_2

Ein weiterer Mangel ist, dass einige Bestandteile des BIP keinen Wohlstand darstellen, sondern nur instrumentell zu seiner Schaffung sind. Hierzu gehören etwa Aufwendungen für den Arbeitsweg. Ferner sind einige Aufwendungen „defensiver" Natur, da sie dazu dienen, wirtschaftlich bedingte Beeinträchtigungen (z. B. durch Umweltverschmutzung) abzuschwächen, statt Wohlstand zu schaffen. Nicht nur instrumentelle und defensive Aufwendungen führen dazu, dass das BIP den Wohlstand überzeichnet. Auch negative Auswirkungen wirtschaftlicher Aktivitäten auf Dritte – sogenannte Externalitäten – können den Wohlstand mindern, ohne dass dies im BIP zum Ausdruck kommt. So kann etwa der durch wirtschaftliche Aktivitäten hervorgerufene Klimawandel die Landwirtschaft beeinträchtigen und dadurch den Wohlstand untergraben (Stern, 2007; IPCC, 2022).

Derartige Mängel haben seit den 1970er Jahren zu Bemühungen geführt, das BIP zu „korrigieren" (Nordhaus & Tobin, 1973). Dabei besteht ein wesentliches Problem darin, zu korrigierende wohlstandsrelevante Posten, für die es keine Marktpreise gibt, angemessen zu bewerten, um sie mit den BIP-Größen kommensurabel zu machen. Diese Problematik betrifft unter anderem Umweltauswirkungen, was dazu geführt hat, physische Indikatoren für die Umweltqualität *ergänzend* zum BIP (in Form sogenannter Satellitensysteme) auszuweisen. So weist das *System of Environmental and Economic Accounting* (SEEA) neben Schadstoffströmen Bestände an mineralischen und Energieressourcen, Land, Bodenressourcen, Holzressourcen und Wasserressourcen aus (United Nations, 2014). Indem die Entwicklung dieser Bestände im Lauf der Zeit nachgezeichnet wird, können wesentliche Aspekte von Nachhaltigkeit abgebildet werden.

2.2   Subjektives Wohlergehen in Ökonomik und Politik

Das bis zum Ende des 20. Jahrhundert in der Wirtschaftswissenschaft vorherrschende Verständnis von „Wohlfahrt als Wohlstand" kann auf zweierlei Weise begründet werden. Die dogmatische Begründung lautet, dass andere Bestimmungsfaktoren von Wohlfahrt als der Wohlstand außerhalb des Gegenstandsbereichs der Ökonomik liegen. Die pragmatische Begründung besagt, dass umfassendere Konzepte von Wohlfahrt nicht empirisch messbar sind.

In Hinblick auf den Gegenstandbereich der Ökonomik hatten – wie in Kap. 1 skizziert – die klassischen Ökonomen eine umfassendere Vorstellung: Ökonomik wurde als Wissenschaft vom Glück aufgefasst (Bentham, 1780) und „Wohlfahrt als Wohlergehen" (Glück). Dass diese Vorstellung später aufgegeben wurde, hatte wesentlich mit der Problematik zu tun, Wohlergehen empirisch zu erfassen.

Dieser Missstand ist seit einiger Zeit durch die Verfügbarkeit von Daten zum subjektiven Wohlergehen behoben, was Anlass zu dem Slogan „Back to Bentham?" (Kahneman et al., 1997) gab (wenn auch mit einem Fragezeichen versehen). Subjektives Wohlergehen (Glück, Lebenszufriedenheit) ist seit den späten 1940er Jahren Gegenstand der Psychologie (Diener et al., 1999) und tauchte in der wirtschaftswissenschaftlichen Forschung erstmals in den 1970er Jahren auf, als der Zusammenhang zwischen der Entwicklung des Pro-Kopf-Einkommens und Umfragedaten zum subjektiv empfundenen Glück in den Vereinigten Staaten untersucht wurde (Easterlin, 1974). Seitdem hat sich die Glücks- und Zufriedenheitsforschung massiv ausgeweitet und ist zu einer interdisziplinären Wissenschaft geworden. Parallel dazu erfahren Glück und Lebenszufriedenheit nicht nur in der Wissenschaft, sondern auch in der Politik zunehmende Aufmerksamkeit. Das Königreich Bhutan hat das „Bruttonationalglück" bereits in den 1970er Jahren als politisches Ziel proklamiert, und das Center for Bhutan Studies begann 2008 mit der Veröffentlichung des Bhutan Gross National Happiness Index. 2014 startete das britische Amt für Statistik seine Glücks- und Wohlergehensstatistik mit dem Titel „Measures of National Wellbeing". 2019 veröffentlichte das Schatzamt (Treasury) von Neuseeland sein erstes „Wellbeing Budget". Auf internationaler Ebene veröffentlichen die Vereinten Nationen seit 2011 den jährlichen World Happiness Report.

Der Begriff subjektives Wohlergehen (Glück im weiteren Sinne) ist ein mehrdimensionales Konzept, das sich in eine affektive und eine kognitive Dimension einteilen lässt, wobei erstere emotionale Zustände und letztere Bewertungen des eigenen Lebens umfasst (Diener, 1984). Die affektive Komponente wird als Glück im engeren Sinne bezeichnet, während die kognitive (bewertende) Komponente die Lebenszufriedenheit darstellt.

Die allgemeine Lebenszufriedenheit ist das geläufigste Maß für das subjektive Wohlergehen. In Deutschland wird sie bereits seit den 1980er Jahren regelmäßig innerhalb des sogenannten *Sozioökonomischen Panels,* einer repräsentativen Bevölkerungsumfrage, erhoben. Dabei wird den Teilnehmern (unter vielen anderen Fragen) die Frage vorgelegt, wie zufrieden sie auf einer Skala von 0 (ganz und gar unzufrieden) bis 10 (ganz und gar zufrieden), alles in allem, mit ihrem Leben sind. Die Organisation für wirtschaftliche Zusammenarbeit und Entwicklung (OECD) hat in ihren Leitlinien zur Messung des subjektiven Wohlergehens vorgeschlagen, Daten, die auf dieser Frage basieren, als das bevorzugte Maß für subjektives Wohlergehen zu verwenden (OECD, 2013). Daten zum subjektiven Wohlergehen liegen zurzeit für mehr als 150 Länder vor (Helliwell et al., 2022).

Aufbauend auf den genannten Bemühungen mehrerer Regierungen, Statistiken zu Glück und Wohlergehen zu erstellen, wurde kürzlich vorgeschlagen, die Lebenszufriedenheit für Kosten-Nutzen- oder Kostenwirksamkeitsanalysen von Maßnahmen der Regierungspolitik in Großbritannien zu verwenden (HM Treasury, 2021). Zu den Bereichen, in denen eine Maßnahmenbewertung anhand der Lebenszufriedenheit vorgesehen ist, gehören die Gesundheitspolitik (inklusive Verringerung der Einsamkeit), die Förderung der Beschäftigung und der Arbeitsplatzqualität, Kriminalitätsbekämpfung, Kulturpolitik sowie Umweltpolitik auf lokaler und regionaler Ebene. Die bei solchen Bewertungen zu verwendende Metrik ist das *Wellbeing Adjusted Life Year* (WELLBY), wobei ein WELLBY einer Veränderung der Lebenszufriedenheit um einen Punkt auf der Skala von 0 bis 10 pro Person und Jahr entspricht.

Die WELLBY-Methodik zur Messung des gesellschaftlichen Wohlergehens folgt dem Verständnis der klassischen Ökonomen, dass das Wohlergehen der Gesellschaft die Summe des individuellen Wohlergehens aller Bürger ist, wobei jeder Einzelne gleich zählt und jeder Punkt auf der Skala der Lebenszufriedenheit gleich wertvoll ist.

Eine Anwendung des WELLBY-Ansatzes auf Maßnahmen mit länderübergreifenden Auswirkungen, beispielsweise die Minderung von Treibhausgasen, ist derzeit nicht vorgesehen. Angesichts der großen Bedeutung solcher Politikfelder stellt sich die Frage, ob und wie solche Spillover-Effekte gegebenenfalls zu berücksichtigen wären. Klar ist, dass die Kosten-Nutzen-Bewertung von Treibhausgasminderungsprogrammen zu einer günstigeren Bewertung führen würde, wenn der globale und nicht nur der nationale Nutzen berücksichtigt würde.

In der wirtschaftswissenschaftlichen Forschung wurde eine Reihe von Bestimmungsfaktoren des Wohlergehens identifiziert (siehe Kap. 3 und 4) und ihr relativer Beitrag zum Wohlergehen ermittelt. Soweit es sich dabei einerseits um Marktgüter (Wohlstand, Einkommen) und andererseits um nicht marktbezogene Güter (beispielsweise Umweltqualität) handelt, kann aus deren relativen Beiträgen zum Wohlergehen dasjenige Austauschverhältnis zwischen beiden berechnet werden, bei dem das Wohlergehen konstant bleibt (Grenzrate der Substitution). Dies liefert eine Möglichkeit, den monetären Wert von nicht marktbezogenen Gütern zu ermitteln (Welsch, 2002).

2.3 Subjektives Wohlergehen als Wohlfahrtsmaß

Trotz der potenziellen Nützlichkeit des WELLBY-Ansatzes sowie der Möglichkeit der Bewertung nicht marktbezogener Güter bleibt die Frage, ob das subjektive Wohlergehen ein sinnvolles Maß für Nutzen und Wohlfahrt ist. Kritik an der Eignung des subjektiven Wohlergehens als Maß (individueller) Wohlfahrt richtet sich darauf, dass psychologische Anpassungsprozesse objektive Widrigkeiten verbergen können (Sen, 1985). Tatsächlich passen sich Menschen an viele Lebensumstände oder deren Veränderung an (beispielsweise Beförderungen oder Scheidungen), sodass die Auswirkung auf das Wohlergehen mit der Zeit nachlassen kann (Graham, 2011). Dies gilt jedoch nicht für alle Aspekte des Lebens. So beeinträchtigen etwa Arbeitslosigkeit oder Armut die Lebenszufriedenheit dauerhaft (siehe Kap. 3). Es kann deshalb nicht geschlussfolgert werden, dass psychologische Anpassung die Eignung des subjektiven Wohlergehens als Wohlfahrtsmaß untergräbt. Im Gegenteil können unterschiedliche Grade der Anpassung an konkurrierende Optionen (beispielsweise Windenergie und Energie aus Biomasse) ein wichtiger Faktor für deren vergleichende Kosten-Nutzen-Bewertung sein (siehe Kap. 4).

Neben inhaltlicher Kritik bestand zeitweise auch eine Kritik an der Erhebungsmethodik von Daten zum subjektiven Wohlergehen. Ökonomen stehen subjektiven Daten, die in Umfragen erhoben werden, traditionell skeptisch gegenüber und fragen: „Do people mean what they say?" (Bertrand & Mullainathan, 2001). Es gibt jedoch zahlreiche Hinweise darauf, dass Angaben zum subjektiven Wohlergehen gut mit physiologischen Messungen (Hormonkonzentration, Hautleitfähigkeit), neurologischen Messungen (Hirnaktivität) sowie Verhaltensbeobachtungen (Lächeln) übereinstimmen. Daher kann davon ausgegangen werden, dass Umfragefragen valide und verlässliche Indikatoren des subjektiven Wohlergehens liefern (Frey & Stutzer, 2002; Fleurbaey, 2009).

Fazit

Repräsentative Daten zum subjektiven Wohlergehen (Glück, Lebenszufriedenheit) werden regelmäßig in Bevölkerungsumfragen erhoben und sind als Maß der individuellen und sozialen Wohlfahrt anerkannt. Sie können verwendet werden, um Kosten-Nutzen-Analysen staatlicher Maßnahmen durchzuführen und den relativen Beitrag von marktbezogenen Gütern (Wohlstand) und nicht marktbezogenen Gütern zu ermitteln und dadurch den monetären Wert der letzteren abzuschätzen.

Wirtschaft und Wohlergehen 3

3.1 Mikroökonomische Faktoren des Wohlergehens

Die wichtigsten Faktoren für das subjektive Wohlergehen sind Gesundheit, Alter, Partnerschaft, Einkommen und Beschäftigung (Frijters & Krekel, 2021). Davon gehören die letzteren beiden zum Bereich der Wirtschaft.

Das persönliche oder Haushaltseinkommen erweist sich in praktisch allen einschlägigen Untersuchungen als wesentlicher Bestimmungsfaktor des subjektiven Wohlergehens, und die diesbezüglichen Befunde deuten auf einen abnehmenden Grenznutzen des Einkommens hin, das heißt, der Effekt des Einkommens auf das Wohlergehen ist bei einem hohen Einkommensniveau schwächer als bei einem geringeren. Ferner gibt es Belege für Sättigungspunkte, das heißt, ein Einkommensniveau, oberhalb dessen kein weiterer Anstieg des Wohlergehens feststellbar ist. Die Sättigungsniveaus hängen von kulturellen Gegebenheiten und vom ökonomischen Entwicklungsstand ab.

Laut einer Studie mit Daten für 164 Länder (Jebb et al. 2018) erreicht im weltweiten Durchschnitt die Lebenszufriedenheit eine Sättigung bei einem Jahreseinkommen von 95.000 US\$. Am höchsten sind die Sättigungseinkommen in Nordamerika (105.000 US\$) und Australien/Neuseeland (125.000 US\$). Generell führen Einkommenssteigerungen in reicheren Ländern zu einem geringeren Anstieg der Zufriedenheit und die Sättigung tritt „später" ein als in ärmeren Ländern. Ferner ist das Sättigungseinkommen für emotionales Wohlergehen (Glück im engeren Sinne) geringer als für kognitives Wohlergehen (Lebenszufriedenheit). Insbesondere wurde anhand von Daten für die USA festgestellt, dass Menschen, die aus anderweitigen Gründen relativ unglücklich sind, ab einem Einkommen von 100.000 US\$ nicht mehr von Einkommenssteigerungen profitieren (Kahneman et al., 2023).

© Der/die Autor(en), exklusiv lizenziert an Springer Fachmedien Wiesbaden GmbH, ein Teil von Springer Nature 2023
H. Welsch, *Glück, Natur und Moral in der Wirtschaftswissenschaft*, essentials, https://doi.org/10.1007/978-3-658-41804-5_3

Erklärungen für diese Befunde verweisen auf die Bedeutung von *relativem* Einkommen für die Zufriedenheit, das heißt darauf, dass Einkommen relativ zu einem bestimmten Bezugspunkt bewertet wird. Dabei können Bezugspunkte das Einkommen Anderer oder das eigene Einkommen in der Vergangenheit sein. Anders ausgedrückt hat ein höheres Bezugseinkommen einen negativen Effekt auf die Zufriedenheit. Je nachdem, welche Bedeutung absolutes und relatives Einkommen hat, ergeben sich unterschiedliche Sättigungspunkte. Wenn die Zufriedenheit stark vom Einkommensvergleich mit Anderen abhängt (statt vom absoluten Einkommen), führt ein Anstieg des eigenen Einkommens bei gleichzeitigem Anstieg des Einkommens Anderer nur zu einem geringen Anstieg der Zufriedenheit.

In der Tat spielen Einkommensvergleiche eine große Rolle für die Lebenszufriedenheit in reichen Ländern. So reduziert in Großbritannien, Deutschland und Australien ein Einkommensanstieg Anderer die Lebenszufriedenheit etwa genauso stark wie ein gleich großer Anstieg des eigenen Einkommens sie erhöht; in den USA beträgt der negative Effekt des Vergleichseinkommens etwa zwei Drittel des Effektes des eigenen Einkommens (Clark et al., 2019).

Neben dieser interpersonellen Relativität spielt intertemporale Relativität eine Rolle für den Einfluss des Einkommens auf die Zufriedenheit: Menschen gewöhnen sich an ein in der Vergangenheit erreichtes Einkommensniveau, und dieses wirkt als Bezugspunkt für die Bewertung des aktuellen Einkommens. Diese Gewöhnung gilt jedoch nicht am unteren Ende der Einkommensskala. Fallen Menschen unter die sogenannte Armutsschwelle von 60 % des mittleren Einkommens, so hat dies bleibende Auswirkungen auf die Lebenszufriedenheit: Erstens sinkt die Zufriedenheit in erheblichem Maß und bleibt auf niedrigem Niveau solange der Armutszustand anhält. Zweitens gibt es einen sogenannten Narbeneffekt, das heißt, der vorher bestehende Grad an Lebenszufriedenheit wird auch dann nicht wieder erreicht, wenn der Armutszustand verlassen wird (Clark et al., 2015, 2016).

Bezüglich der Beschäftigung hat praktisch jede Studie, die den Erwerbsstatus berücksichtigt hat, ergeben, dass Arbeitslose wesentlich weniger zufrieden sind als Menschen, die einen Job haben. Dabei geht der Effekt über den mit der Arbeitslosigkeit möglicherweise verbundenen Einkommensverlust hinaus. Dies deutet darauf hin, dass die Auswirkungen der Arbeitslosigkeit auf die Zufriedenheit eher auf psychologische und soziale Faktoren zurückzuführen sind, etwa Depressionen, Angstzustände und ein Verlust des Selbstwertgefühls sowie das häufig mit Arbeitslosigkeit verbundene soziale Stigma.

In quantitativer Hinsicht kam eine frühe Studie über Arbeitslosigkeit zu dem Schluss, dass Arbeitslosigkeit die Lebenszufriedenheit stärker beeinträchtigt als jeder andere Faktor, einschließlich Scheidung und Trennung (Clark & Oswald, 1994). In Daten für zwölf europäische Länder wurde festgestellt, dass Arbeitslose auf einer 4-Punkte-Skala um 0,33 Punkte weniger zufrieden waren als Erwerbstätige (Di Tella et al., 2001). Wenn Menschen arbeitslos werden und gleichzeitig unter die Armutsgrenze fallen, ist der kombinierte Effekt mehr als doppelt so hoch wie der einer Arbeitslosigkeit allein (Clark et al., 2016). Ähnlich wie beim Einkommen stellt sich die Frage, ob es eine Gewöhnung an die Arbeitslosigkeit gibt. Diesbezüglich wurde festgestellt, dass Arbeitslosigkeit, die länger als ein Jahr anhält, stärker auf die Lebenszufriedenheit wirkt als kürzere Arbeitslosigkeit. Ferner verringern Arbeitslosigkeitserfahrungen in der Vergangenheit den Schaden der aktuellen Arbeitslosigkeit nicht. Darüber hinaus gibt es – wie bei der Armut – einen Narbeneffekt, da die Personen nach Beendigung der Arbeitslosigkeit nicht auf das Niveau der Lebenszufriedenheit vor der Arbeitslosigkeit zurückkehren (Clark et al., 2001).

3.2 Makroökonomische Faktoren des Wohlergehens

Neben dem persönlichen oder Haushaltseinkommen und dem persönlichen Erwerbsstatus spielen makroökonomische Indikatoren wie das Pro-Kopf-Einkommen sowie die Arbeitslosen- und Inflationsraten eine Rolle für die Lebenszufriedenheit.

Eine der wichtigsten diesbezüglichen Erkenntnisse ist das sogenannte Easterlin-Paradoxon (Easterlin, 1974). Es besagt, dass erhebliche langfristige Steigerungen des Pro-Kopf-Einkommens oder des Bruttoinlandsprodukts (BIP) nicht mit einem entsprechenden Anstieg des durchschnittlichen subjektiven Wohlergehens einhergehen. Erklärungen für diesen Befund basieren auf dem oben diskutierten Phänomen des sozialen Vergleichs: Aufgrund des sozialen Vergleichs hängt die Zufriedenheit einer Person von ihrem Einkommen im Verhältnis zum Durchschnittseinkommen ab. Wenn also das Einkommen aller steigt, ändert sich weder das durchschnittliche relative Einkommen noch die durchschnittliche Zufriedenheit (Easterlin 1995). Relatives Einkommen ist jedoch eher in reicheren als in ärmeren Gesellschaften – wo die Befriedigung von Grundbedürfnissen eine größere Rolle spielt – von Belang. Dies deutet darauf hin, dass die wirtschaftliche Entwicklung aufgrund zunehmender Vergleichseffekte mit immer geringeren Zuwächsen an Zufriedenheit einhergeht. Dementsprechend zeigen Diagramme, in denen die durchschnittliche Lebenszufriedenheit gegen das Pro-Kopf-Einkommen abgetragen wird, typischerweise eine Kurve mit einer positiven Beziehung bei niedrigem Einkommen, die bei hohem Einkommen fast horizontal wird.

Ein weiterer Grund, warum ein höheres Pro-Kopf-Einkommen – das ein höheres Maß an wirtschaftlicher Aktivität darstellt – nicht mit einem größeren Wohlergehen einhergehen muss, hängt mit den Kosten eines höheren Aktivitätsniveaus zusammen, wie etwa höhere Arbeitsbelastung und mehr Umweltverschmutzung (Di Tella & MacCulloch, 2007).

Im Gegensatz zum langfristigen Wachstum wirken sich kurzfristige (etwa jährliche) Steigerungen des BIP positiv aus: Da sich die Menschen an den erreichten Lebensstandard gewöhnen, hängt die Zufriedenheit vom aktuellen Einkommen im Verhältnis zum vergangenen Einkommen und damit von der Einkommensänderung ab. Um die Zufriedenheit konstant zu halten, ist eine Einkommenssteigerung erforderlich. Eine Rezession löst hingegen eine Abnahme der Zufriedenheit aus.

Eine weitere wichtige makroökonomische Variable ist die Arbeitslosenquote. Abgesehen von der persönlichen Arbeitslosigkeit kann eine hohe allgemeine Arbeitslosigkeit Menschen unzufrieden machen, auch wenn sie selbst nicht arbeitslos sind (Frey und Stutzer 2002). Möglicherweise empfinden sie Empathie für die Arbeitslosen oder machen sich Sorgen darüber, dass sie in Zukunft selbst arbeitslos werden könnten. Sie können auch wegen anstehender Anhebungen der Arbeitslosenbeiträge und Steuern besorgt sein oder wegen zunehmender sozialer Spannungen.

Hinsichtlich Inflation gibt es verschiedene Gründe, warum sich die Menschen darüber Sorgen machen (Easterly & Fisher, 2001). Erstens senkt die Inflation ihren Lebensstandard, da sie ihre Kaufkraft untergräbt. Hierzu kann zusätzlich die sogenannte kalte Progression beitragen (Steuertarife, die nicht an die Inflation angepasst werden). Darüber hinaus kann die Inflation das Vermögen von Menschen entwerten, insbesondere wenn sie über einen geringen Anteil an Sachvermögen verfügen. Dies alles kann Auswirkungen auf die Zufriedenheit haben.

Eine große Zahl empirischer Befunde steht im Einklang mit diesen Erwägungen. Die Auswirkungen makroökonomischer Gegebenheiten auf das subjektive Wohlergehen wurden erstmals empirisch von Di Tella et al. (2001) untersucht. Ihre Analysen für zwölf EU-Länder im Zeitraum 1975–1992 ergaben signifikant negative Beziehungen zwischen der Lebenszufriedenheit der Bürger und den jeweils vorherrschenden Arbeitslosen- und Inflationsraten. Da in den Schätzungen der persönliche Erwerbsstatus separat berücksichtigt wurde, bedeuten die Befunde, dass die allgemeine Arbeitslosenquote Auswirkungen hat, die über die der persönlichen Arbeitslosigkeit hinausgehen. Ferner wurde festgestellt, dass der Effekt einer bestimmten Erhöhung der Arbeitslosenquote etwa 1,5-mal größer ist als der eines gleich großen Anstiegs der Inflationsrate.

In einer späteren Arbeit für dieselbe Gruppe von Ländern und den Zeitraum 1992–2002 ergab sich, dass die Lebenszufriedenheit negativ mit der Arbeitslosen- und Inflationsrate und positiv mit der jährlichen BIP-Wachstumsrate zusammenhängt (Welsch, 2011). Im Gegensatz zu den jährlichen Veränderungen des BIP beeinflusst langfristiges BIP-Wachstum das Wohlergehen (aufgrund von Gewöhnungseffekten) kaum (Easterlin et al., 2010).

In Bezug auf jährliche BIP-Veränderungen haben Untersuchungen in über 150 Ländern über vier Jahrzehnte eine starke Asymmetrie zwischen konjunkturellen Auf- und Abschwüngen ergeben. Es zeigte sich, dass die Zufriedenheit mehr als doppelt so empfindlich auf negative Veränderungen (Rezessionen) reagiert als auf positive Veränderungen (De Neve et al., 2018). Die Asymmetrie blieb auch bestehen, wenn auf die Arbeitslosigkeit kontrolliert wurde. Eine Erklärung für die Asymmetrie ist das aus der psychologischen Forschung bekannte Phänomen der Verlustaversion (Kahneman & Tversky, 1979).

Die stärkere Reaktion auf Rezessionen im Vergleich zu Aufschwüngen kann zur Erklärung des Easterlin-Paradoxons beitragen: Wenn langfristiges Wachstum als eine Abfolge von Konjunkturzyklen verstanden wird, können periodische Rezessionen die Zufriedenheitsgewinne aus längeren Expansionsperioden schnell zu Nichte machen und dazu führen, dass der Zusammenhang zwischen BIP und durchschnittlicher Zufriedenheit bei langfristiger Betrachtung verschwindet (De Neve et al., 2018).

3.3 Ungleichheit und Wohlergehen

Ungleichheit kann die Zufriedenheit nicht nur insofern beeinflussen, als Menschen ihr eigenes Einkommen (oder Vermögen) mit dem Anderer vergleichen, sondern auch, weil gesamtwirtschaftliche Ungleichheit ihre ethischen Überzeugungen verletzt (Clark & D'Ambrosio, 2015). Darüber hinaus kann ein hohes Maß an Ungleichheit, und insbesondere an Armut, Befürchtungen über soziale Spannungen auslösen (Welsch & Biermann, 2019).

Empirische Befunde deuten darauf hin, dass die Beziehung zwischen Einkommensungleichheit und subjektivem Wohlergehen kulturell geprägt ist. So wurde festgestellt, dass größere Ungleichheit das Wohlergehen von Europäern, aber nicht von US-Amerikanern verringert, soweit es den „durchschnittlichen" Bürger betrifft (Alesina et al., 2004). In den USA sind lediglich die Wohlhabenden, die sich als politisch eher links stehend bezeichnen, von Ungleichheit negativ betroffen ist. Letzteres deutet auf eine ethische Komponente beim Einfluss der Ungleichheit auf das Wohlergehen hin. Dass die Wohlhabenden betroffen sind, steht hingegen im Einklang mit der Vorstellung, dass hohe Ungleichheit soziale Spannungen befürchten lässt.

In eine ähnliche Richtung deuten Befunde über den Zusammenhang zwischen den Armutsquoten in deutschen Bundesländern (dem Anteil derjenigen, deren Einkommen weniger als 60 % des mittleren Einkommens beträgt) und der Lebenszufriedenheit ihrer Bürger (Welsch und Biermann 2019). In einer repräsentativen Stichprobe zeigte sich, dass die Lebenszufriedenheit, auch bei Berücksichtigung der jeweils eigenen Stellung in der Einkommensverteilung, bei höherer Armutsquote geringer ist. Bei einer Aufteilung der Stichprobe in Personen, die selbst unterhalb der Armutsschwelle (60 % des mittleren Einkommens) leben und solchen, die darüber liegen, ergab sich, dass der negative Zusammenhang zwischen Armutsquote und Zufriedenheit lediglich bei denen zu finden ist, die selbst nicht von Armut betroffen sind. Dies kann als Beleg dafür gedeutet werden, dass ethische Gesichtspunkte oder die genannten politischen Befürchtungen für den Zusammenhang zwischen dem Niveau der Armut und der Zufriedenheit relevant sind. Auf jeden Fall ist ein hohes Maß an Armut, ähnlich wie an Arbeitslosigkeit, ein *öffentliches* Übel, da es auch das Wohlergehen derjenigen beeinträchtigt, die selbst nicht davon betroffen sind.

Fazit

Während auf individueller Ebene der Zusammenhang zwischen Einkommen und subjektivem Wohlergehen einen Sättigungspunkt aufweist und auf gesamtwirtschaftlicher Ebene langfristiges Wachstum keinen Anstieg des subjektiven Wohlergehens mit sich bringt, haben Arbeitslosigkeit und Armut negative Auswirkungen auf das Wohlergehen über den Kreis der selbst davon Betroffenen hinaus.

Umwelt und Wohlergehen

4

4.1 Wohlergehen und Luftverschmutzung

In den letzten zwei Jahrzehnten ist eine stetige Zunahme von Studien zu verzeichnen, die den Einfluss der natürlichen Umwelt auf das subjektive Wohlergehen untersuchen. Eines der am gründlichsten untersuchten Umweltprobleme ist die Luftverschmutzung. Luftverschmutzung kann das subjektive Wohlergehen beeinträchtigen, da sie zu einer Vielzahl von Atemwegs- und Herz-Kreislauf-Problemen führt, die das Wohlergehen negativ beeinflussen (Gouveia & Maisonet, 2005). Einige der Studien zu Luftverschmutzung und subjektivem Wohlergehen gehören zu den ersten, die den Auswirkungen von Umweltbelastung auf das Wohlergehen einen monetären Wert beimaßen, indem sie den hypothetischen Geldbetrag (Einkommen) berechneten, der erforderlich wäre, um eine Person für den Verlust an Wohlergehen durch Umweltverschmutzung zu entschädigen (Welsch, 2002).

Studien zum Zusammenhang zwischen Luftverschmutzung und Wohlergehen begannen vor zwei Jahrzehnten. Frühe Studien verwendeten nationale Durchschnittswerte für Luftverschmutzung und Wohlergehen. Die erste Veröffentlichung dieser Art untersuchte in einem Datensatz von 54 Ländern die Auswirkungen der durchschnittlichen Konzentrationen von Schwefeldioxid, Stickstoffdioxid und Feinstaub auf die durchschnittliche Zufriedenheit im Landesdurchschnitt (Welsch, 2002). Es ergab sich, dass größere Stickstoffdioxidkonzentrationen statistisch mit einem geringeren durchschnittlichen Glück verbunden sind, während ein höheres Pro-Kopf-Einkommen mit einem höheren durchschnittlichen Glück verbunden ist.

Während die meisten frühen Studien zur Luftverschmutzung und zum Wohlergehen durchschnittliche Werte der Verschmutzung und des Wohlergehens nach

H. Welsch, *Glück, Natur und Moral in der Wirtschaftswissenschaft*, essentials, https://doi.org/10.1007/978-3-658-41804-5_4

Land und Jahr verwendeten, zeichnen sich neuere Arbeiten durch eine höhere räumliche und zeitliche Auflösung der Verschmutzungsdaten und durch die Konzentration auf das Wohlergehen der von der Verschmutzung betroffenen einzelnen Personen aus.

Mit einem solchen Ansatz wurde ein negativer und signifikanter Zusammenhang zwischen Lebenszufriedenheit und Schwefeldioxid (SO_2)-Konzentration auf regionaler Ebene in Europa gefunden (Ferreira et al., 2013). Eine andere Studie kombinierte Daten zum Wohlergehen auf individueller Ebene mit Daten für SO_2 auf Kreisebene für Deutschland (Lüchinger, 2009). Da die verwendeten Daten aus einer Längsschnitt-Panelerhebung stammen, die Einzelpersonen über mehrere Jahre begleitet, war es möglich, auf konstante individuelle Merkmale zu kontrollieren und sich auf Änderungen der Verschmutzung zu konzentrieren, der eine Person ausgesetzt war, anstatt sich auf Unterschiede zwischen den Personen zu konzentrieren. Darüber hinaus war es unter Verwendung geeigneter Methoden möglich, auszuschließen, dass die Ergebnisse durch den verschmutzungsbedingten Umzug von Menschen an weniger verschmutzte Orte verzerrt waren. Insgesamt stellt die Studie also statt einer Korrelation einen kausalen Effekt der Luftverschmutzung auf das Wohlergehen fest. Ähnliche Studien wurden in Bezug auf viele weitere Länder durchgeführt, zum Beispiel Australien (Ambrey et al., 2014) und die Vereinigten Staaten (Levinson, 2012), die alle signifikante Auswirkungen der Luftverschmutzung auf das Wohlergehen feststellten.

Setzt man den in Dutzenden von Studien ermittelten Einfluss der Luftverschmutzung zu dem eines höheren Einkommens in Beziehung, erhält man zwischen vier und 40 US\$ pro Tag als den impliziten Wert einer um eine Standardabweichung besseren Luftqualität (Levinson, 2020).

4.2   Wohlergehen und Klimawandel

Während die Beeinträchtigungen durch Luftverschmutzung regionaler und relativ unmittelbarer Natur sind, ist der Großteil der Auswirkungen des Klimawandels global und wird überwiegend in der Zukunft eintreten. Der Klimawandel wirkt sich daher wahrscheinlich weniger auf das derzeitige Wohlergehen des Einzelnen aus als direktere Auswirkungen der Umweltverschmutzung.

Trotzdem können die Auswirkungen des Klimawandels auf das Wohlergehen auf zwei Arten erfasst werden. Zum einen wird untersucht, wie das Wohlergehen von Klimaparametern abhängt, die sich wahrscheinlich in Zukunft ändern werden, wie z. B. Höhe und saisonale Muster von Temperatur oder

Niederschlag. Der andere Ansatz besteht darin, zu untersuchen, wie das Wohlergehen von Extremereignissen beeinflusst wird, deren Intensität und Häufigkeit aufgrund des Klimawandels voraussichtlich zunehmen werden, wie Stürme, Überschwemmungen, Dürren oder Waldbrände.

Eine der ersten Studien anhand von Klimaparametern schätzte den Zusammenhang zwischen extremen Temperaturen und subjektivem Wohlergehen in 67 Ländern über den Zeitraum 1997–2000 und fand heraus, dass das Wohlergehen umso geringer war, je niedriger die Tiefsttemperaturen und je höher die Höchsttemperaturen waren (Rehdanz & Maddison, 2005). Aus diesen Ergebnissen extrapolierten die Autoren, dass die erwartete Änderung der Häufigkeit von kalten Wintern und heißen Sommern aufgrund des Klimawandels Menschen in kalten und gemäßigten Breiten per Saldo zu „Klimagewinnern" und Menschen in heißen Regionen zu „Klimaverlierern" machen wird. In einer späteren Studie zeigten sie, dass das Klima nach dem Pro-Kopf-Einkommen der zweitwichtigste Erklärungsfaktor für Unterschiede im subjektiven Wohlergehen zwischen Ländern ist (Maddison & Rehdanz, 2020). Sie betonen auch, dass es sich nur um direkte Auswirkungen auf das Wohlergehen handelt, da mögliche Einflüsse auf das Einkommen (z. B. durch reduzierte Erntemengen) nicht in die Analyse einbezogen wurden (Maddison & Rehdanz, 2011). Derartige indirekte Effekte auf das Wohlergehen können die direkten Effekte verstärken.

Als Folge des zunehmenden Klimawandels wird mit einer Zunahme der Häufigkeit und Schwere von Extremereignissen wie Dürren, Stürmen und Überschwemmungen gerechnet. In Bezug auf Dürren fand eine Studie für Australien signifikante Auswirkungen auf das subjektive Wohlergehen der Bevölkerung in ländlichen Gebieten (Carroll et al., 2009). Die gefundenen Korrelationen implizieren, dass die Abnahme der Zufriedenheit bei einer zu erwartenden Verdopplung der Häufigkeit von Dürren in der Zukunft dem Effekt eines Rückgangs des jährlichen Volkseinkommens um ein Prozent entspricht. Beeinträchtigungen der Lebenszufriedenheit durch Dürren wurden nicht nur in westlichen „modernen" Gesellschaften festgestellt, sondern auch in traditionellen Gemeinschaften, beispielsweise in Papua-Neuguinea (Lohmann et al., 2019).

In Bezug auf Stürme fand eine Mehrländerstudie sowohl in Industrie- als auch in Entwicklungsländern einen negativen Zusammenhang zwischen der Häufigkeit von Wirbelstürmen und der allgemeinen Lebenszufriedenheit (Berlemann, 2016). Es wurde festgestellt, dass der Zusammenhang in ärmeren Ländern stärker ist, wo die Menschen weniger Ressourcen haben, um Schutzmaßnahmen zu ergreifen.

Andere Studien haben sich mit den Auswirkungen von Überschwemmungen auf die Lebenszufriedenheit befasst. In einer Studie für Deutschland wurden Sturm- und Hagelereignisse sowie Überschwemmungen betrachtet (von

Möllenorff & Hirschfeld, 2016). Beide Arten von Ereignissen hatten einen negativen Einfluss auf die Lebenszufriedenheit. Dieser fiel geringer aus, wenn die Betroffenen über einen entsprechenden Versicherungsschutz verfügten. Darüber hinaus erwiesen sich die Auswirkungen von Stürmen und Hagel als kurzlebig, wohingegen es nach einer Überschwemmung mehrere Monate dauerte, bis die Zufriedenheit wieder auf das vorherige Niveau zurückkehrte.

Eine Studie für die Vereinigten Staaten hat 31 Extremereignisse mit einer Schadenssumme von mindestens einer Milliarde US-Dollar mit Daten zum Wohlergehen von mehr als 1,7 Mio. Menschen abgeglichen. Die Studie verglich die Auswirkungen verschiedener Arten von Extremereignissen, darunter tropische Wirbelstürme, andere schwere Stürme, Überschwemmungen, Dürren, Waldbrände und Frost von 2005 bis 2010. Die Ergebnisse zeigen, dass solche Naturkatastrophen negative Auswirkungen auf das subjektive Wohlergehen in den betroffenen Gemeinschaften haben, die im Durchschnitt sechs Monate nach dem Ereignis ihren Höhepunkt erreichen und dann im Laufe der Zeit abklingen. Die Auswirkungen sind groß und signifikant bei schweren Stürmen und Dürren, aber weniger bedeutend bei tropischen Wirbelstürmen. Ferner ergab sich, dass besserer Zugang zur Gesundheitsversorgung, besserer Versicherungsschutz und staatliche Hilfsprogramme sowie eine stärkere emotionale und soziale Unterstützung die Effekte abschwächen (Ahmadiani & Ferreira, 2021).

4.3   Wohlergehen und natürliche Umgebungen

Es gibt mehrere Gründe für die Annahme, dass der Aufenthalt in natürlichen Umgebungen positiv auf das subjektive Wohlergehen wirkt (MacKerron & Mourato, 2013). Erstens scheint es direkte neurophysiologische Effekte zu geben, die zu Stressabbau führen Zweitens weisen natürliche Umgebungen typischerweise weniger Umweltbeinträchtigungen und -verschmutzung auf, wie etwa Lärm und Luftverschmutzung, die das Wohlergehen negativ beeinflussen. Drittens können natürliche Umgebungen das Wohlergehen steigern, indem sie Verhaltensweisen wie körperliche Bewegung und soziale Interaktion erleichtern und fördern.

Eine wachsende Zahl von Forschungsarbeiten untersucht den Zusammenhang zwischen dem subjektiven Wohlergehen von Menschen und den Umgebungsbedingungen in der Nähe ihres Wohnorts. Während sich einige Studien auf die Größe und die Nähe von Naturgebieten, Stadtparks, Seen und Flüssen konzentriert haben, haben neuere Arbeiten Zusammenhänge zwischen dem menschlichen Wohlergehen und dem Grad der Biodiversität an diesen Orten sowie zwischen tatsächlichen Aufenthalten in natürlichen Umgebungen und dem Wohlergehen untersucht.

Auf nationaler Ebene wurde festgestellt, dass Merkmale der Umgebung beträchtliche Teile der räumlichen Variation des subjektiven Wohlergehens erklären. In Bezug auf Irland beispielsweise zeigte eine frühe Studie, dass neben den üblichen persönlichen Faktoren ortsspezifische Faktoren erheblich zur Erklärung des Wohlergehens beitragen (Brereton et al., 2008). In ähnlicher Weise ergab eine aktuelle Studie für die USA, dass (unter Berücksichtigung soziodemografischer Merkmale) das durchschnittliche subjektive Wohlergehen in Landkreisen mit mehr Freizeitflächen höher ist, während es in solchen mit einem höheren Anteil an städtischen Gebieten sowie in Metropolregionen niedriger ist (Ahmadiani & Ferreira, 2019).

Auf kontinentaler Ebene wurde in einer groß angelegten Studie das subjektive Wohlergehen von mehr als 26.000 europäischen Bürgern aus 26 Ländern mit Daten auf regionaler Ebene zur Artenvielfalt und anderen Naturmerkmalen in Beziehung gesetzt. Die Artenvielfalt wurde als Artenreichtum von Vögeln, Säugetieren und Bäumen gemessen. Die Studie ergab, dass der Vogelartenreichtum in ganz Europa positiv und stark mit dem subjektiven Wohlergehen assoziiert ist. Mögliche Gründe für diesen Zusammenhang können die direkte visuelle oder akustische Erfahrung von Vögeln oder vorteilhafte Landschaftseigenschaften sein, die sowohl die Vogelvielfalt als auch das Wohlergehen der Menschen fördern (Methorst et al., 2021).

Während diese Forschungsergebnisse sich auf Merkmale geografischer Einheiten beziehen, haben sich einige neuere Studien auf tatsächliche Erfahrungen mit natürlichen Umgebungen konzentriert. Wie sich Besuche und Erfahrungen von natürlichen Umgebungen (Wäldern, Parks, Schutzgebieten, Seen, Flüssen und Stränden) auf das subjektive Wohlergehen auswirken, wurde untersucht, indem Personen kurz nach dem Besuch zu ihrem besuchsbezogenen subjektiven Wohlergehen befragt wurden (White et al., 2013; Wyles et al., 2019) oder ihr allgemeines subjektives Wohlergehen vor Ort ermittelt wurde (MacKerron & Mourato, 2013).

Der letztgenannte Ansatz wurde mithilfe einer Smartphone-App angewendet, die den Teilnehmern zu zufälligen Zeitpunkten ein Signal gibt und einen kurzen Fragebogen präsentiert, während sie die Satellitenpositionierung (GPS) verwendet, um geografische Koordinaten zu bestimmen. Mithilfe dieser App wurden über eine Million Antworten von mehr als 20.000 Teilnehmern in Großbritannien gesammelt. Dabei wurde das gemeldete momentane subjektive Wohlergehen mit der Landbedeckung in Verbindung gebracht, wobei Einflüsse von Wetter, Tageslicht, Art der Aktivität, Uhrzeit und Tag kontrolliert wurden.

Im Durchschnitt zeigten die Studienteilnehmer in allen grünen oder natürlichen Lebensraumtypen ein signifikant höheres Wohlergehen im Freien als in
städtischen Umgebungen. Meeres- und Küstenränder sind mit Abstand die glück-
lichsten Orte, mit Antworten, die auf der Skala von 0 bis 100 etwa sechs Punkte
höher sind als in städtischen Umgebungen. Das ist eine ähnliche Größenord-
nung wie beispielsweise der Unterschied zwischen Freizeit und Hausarbeit. Alle
anderen grünen oder natürlichen Umgebungstypen – „Berge, Moore und Heiden",
„Süßwasser, Feuchtgebiete und Überschwemmungsgebiete", „Wald, Grasland und
Ackerland" – erzielen zwischen 2,7 und 1,8 Punkte mehr Wohlergehen als städti-
sche Umgebungen. In Bezug auf Aktivitäten stehen Vogel- und Naturbeobachtung
in einem signifikant positiven Zusammenhang mit dem subjektiven Wohlergehen
(MacKerron & Mourato, 2013).

4.4   Wohlergehen und Landnutzung

Während die Nähe, der Zugang und der Besuch natürlicher Umgebungen mit
einem höheren Wohlergehen einhergehen, geht eine sogenannte lokal uner-
wünschte Landnutzung in der Nähe des Wohnorts mit einem geringeren Wohlergehen einher. Dies gilt für das Wohnen in Windrichtung von fossil befeuerten
Kraftwerken, sofern diese nicht mit Filteranlagen ausgestattet sind (Luechinger, 2009), den Abbau, die Lagerung und das Verarbeiten von Kohle (Li et al.,
2017) und sogenanntes Fracking – horizontale Öl- und Gasbohrungen unter
Verwendung von Chemikalien (Maguire & Winters, 2017). Das Wohlergehen
steht auch in negativem Zusammenhang mit der Nähe zu Kernkraftwerken, was
die Wahrnehmung von nuklearen Risiken widerspiegelt (Welsch & Biermann,
2016), Windkraftanlagen, aufgrund visueller Beeinträchtigungen (Krekel & Zerrahn, 2017; von Möllendorff & Welsch, 2017), und Biomasseanlagen, aufgrund
von Gerüchen, nicht aber Solaranlagen (von Möllendorff & Welsch, 2017). Im
Gegensatz zu den Auswirkungen von Biomasseanlagen erwiesen sich diejenigen von Windenergieanlagen als vorübergehend; sie verschwinden spätestens fünf
Jahre nach Inbetriebnahme.

Bei einem Abgleich des subjektiven Wohlergehens mit der Struktur der
Stromerzeugung, differenziert nach Ländern und Jahren, ergab sich eine ein-
deutige Bevorzugung von Solar- und Windkraft sowie der Stromerzeugung aus
Erdgas gegenüber der Stromerzeugung aus Kohle und Öl. Dieses Ergebnis passt
dazu, dass nicht nur Solar- und Windenergie, sondern auch Erdgas weniger
umweltschädlich ist als Kohle und Öl. Auch werden Solar- und Windenergie sowie Strom aus Erdgas der Kernenergie vorgezogen, im Einklang mit der

Besorgnis über nukleare Risiken. Stromerzeugung aus Biomasse ist die am wenigsten erwünschte Technologie im Sinne ihres Zusammenhangs mit dem subjektiven Wohlergehen (Welsch & Biermann, 2014).

Fazit

Die am meisten untersuchten Arten von Umweltbeeinträchtigung – Luftverschmutzung, Klimawandel und Veränderungen der natürlichen Ökosysteme – haben einen signifikanten Einfluss auf das subjektive Wohlergehen, der sich als erheblicher impliziter ökonomischer Wert einer intakten Umwelt darstellt.

Wirtschaftswissenschaft und Ethik

5

5.1 Konsequenzialistische und deontologische Ethik

Ökonomische Akteure stehen regelmäßig vor Entscheidungen, die mit externen Effekten verbunden sind, das heißt (positiven oder negativen) Auswirkungen auf das Wohlergehen Anderer, die nicht durch entsprechende Zahlungen kompensiert werden. In ähnlicher Weise haben die Handlungen politischer Entscheidungsträger – bestimmungsgemäß – Auswirkungen auf das Wohlergehen der Bürger. Die Moralphilosophie (Ethik) hat normative Prinzipien zum Umgang mit solchen Entscheidungen entwickelt.

Die Moralphilosophie kennt zwei grundlegende Ansätze: Konsequenzialismus und Deontologie (Birnbacher, 2013). Der erstere basiert auf dem Axiom, dass Entscheidungen beziehungsweise Handlungen nur anhand ihrer (erwarteten) Auswirkungen (Konsequenzen) – als „gut" oder „schlecht" – zu bewerten sind. Im Gegensatz dazu geht deontologische Ethik davon aus, dass bestimmte Handlungen *per se* (unbeschadet ihrer Konsequenzen) „richtig" oder „falsch" sind. Der Zweig der Wirtschaftswissenschaft, der sich aus normativer Sicht mit ethisch relevanten Fragen beschäftigt, die sogenannte Wohlfahrtsökonomik, ist dezidiert konsequenzialistisch.

Als Maßstab dafür, ob und in welchem Maße Handlungen „gute" Konsequenzen haben, wird in der Wohlfahrtsökonomik der aus den Handlungen resultierende „Nutzen", im Sinne von Glück, Zufriedenheit und Wohlergehen, angesehen. Dabei wird im klassischen Utilitarismus die soziale Wohlfahrt als die *Summe* (oder der Durchschnitt) des Nutzens der Gesellschaftsmitglieder aufgefasst, während bei anderen Ansätzen der Wohlfahrtsökonomik (auch) die *Verteilung* des Nutzens relevant ist (siehe Abschn. 5.2).

© Der/die Autor(en), exklusiv lizenziert an Springer Fachmedien Wiesbaden GmbH, ein Teil von Springer Nature 2023
H. Welsch, *Glück, Natur und Moral in der Wirtschaftswissenschaft*, essentials,
https://doi.org/10.1007/978-3-658-41804-5_5

Kritik am Konsequenzialismus richtet sich einerseits darauf, dass die Konsequenzen von Handlungen mitunter ungewiss sind. Zum anderen erscheinen manche Handlungen unbeschadet wünschenswerter Konsequenzen vielfach als ethisch inakzeptabel, etwa wenn zum Zweck eines insgesamt größeren Nutzens Menschen getötet, misshandelt oder benachteiligt werden.

Der letztere Einwand ist im Kern deontlogischer Natur. Er basiert auf der Vorstellung, dass manche Handlungen geboten, erlaubt oder verboten sind, weil sie im Einklang oder im Widerspruch zu bestimmten moralischen Normen stehen und damit inhärent richtig oder falsch sind.

In konkreten Situationen führen konsequenzialistische und deontologische Ethik mitunter zu entgegengesetzten Bewertungen und Handlungsempfehlungen, die sich als moralische Dilemmata darstellen. Ein vieldiskutiertes Beispiel ist das sogenannte *trolley*-Problem, bei dem es darum geht, *einen* Menschen zu opfern, um eine größere Zahl zu retten (Jarvis Thomson, 1985). Dies erscheint aus konsequenzialistischer Sicht erlaubt oder sogar geboten, aber aus deontologischer Sicht ausgeschlossen.

Während Konsequenzialismus und Deontologie mitunter zu entgegengesetzten Bewertungen führen, sind sie aus einer übergeordneten Perspektive kompatibel miteinander. Diese Perspektive ist die anthropologisch-funktionalistische Sicht menschlicher Moral, nach welcher sich im Laufe der Evolution genau jene moralischen Normen herausgebildet haben, die für das Überleben von Gruppen im Wettbewerb mit anderen Gruppen vorteilhaft sind, indem sie kooperatives Verhalten innerhalb der jeweiligen Gruppe befördern (Tomasello, 2016). Unbeschadet möglicher „schlechter" Konsequenzen in Einzelfällen, verschafft die Befolgung bestimmter moralischer Normen demnach – auch und gerade in Anbetracht ungewisser Handlungskonsequenzen – einen evolutionären Vorteil, der sich in einem größeren Nutzen der Gruppe niederschlägt.

Im Einklang mit dieser Sichtweise erweist sich deontologisches Handeln als zentral für die freiwillige kooperative Bereitstellung öffentlicher Güter (siehe Kap. 6).

5.2   Ethik und Ungleichheit

Die Wohlfahrtsökonomik, als normativer Zweig der Wirtschaftswissenschaft, beschäftigt sich mit der Frage, wie die Ergebnisse wirtschaftlicher Aktivitäten aus Sicht der sozialen Wohlfahrt zu bewerten und möglicherweise durch wirtschaftspolitisches Handeln zu „verbessern" sind. Als relevante Ergebnisvariable wird typischerweise auf das Einkommen der Wirtschaftssubjekte abgestellt, das in eine Nutzenfunktion der jeweiligen Personen eingeht und von der angenommen wird, dass sie die Eigenschaft des abnehmenden Grenznutzens hat: je höher das jeweilige Einkommen ist, umso geringer ist der zusätzliche Nutzen (Grenznutzen), den ein Anstieg des Einkommens stiftet. Die soziale Wohlfahrt setzt sich aus den individuellen Nutzenfunktionen zusammen.

Die üblicherweise behandelte Frage lautet, bei welcher Konstellation der Einkommen die größtmögliche soziale Wohlfahrt resultiert. Dies führt zu Aussagen über die sozial optimale Einkommensverteilung, die davon abhängen, wie die individuellen Nutzen zur sozialen Wohlfahrt aggregiert werden.

Der klassische Utilitarismus (Bentham, 1780) konzipiert soziale Wohlfahrt als *Summe* des individuellen Nutzens. Dann erweist sich als optimal (wohlfahrtsmaximierend) diejenige Konstellation der Einkommen, bei der der Grenznutzen aller Individuen gleich ist: solange dies nicht der Fall ist, kann die Nutzensumme erhöht werden (durch Umverteilungen, bei denen der Nutzenzuwachs der Empfangenden größer ist als der Nutzenverlust der Abgebenden).

Sofern alle Individuen identische Nutzenfunktionen haben, ist die Gleichheit der Grenznutzen dann gegeben, wenn alle Einkommen gleich sind. Sind die Nutzenfunktionen hingegen verschieden, impliziert der Ausgleich der Grenznutzen, dass die zugehörigen Einkommensniveaus verschieden sind. Wenn etwa bei einem bestimmten gleichen Einkommensniveau zweier Personen die erste Person einen höheren Grenznutzen hat als die zweite, erfordert der Ausgleich der Grenznutzen eine Umverteilung von der zweiten zur ersten Person. Dies bedeutet, dass ein Wohlfahrtsmaximum dann gegeben ist, wenn die erste Person ein höheres Einkommen erhält als die zweite – und dies, obwohl die zweite Person weniger „effizient" bei der Nutzung des Einkommens ist. Ist diese geringere Effizienz beispielsweise durch ein körperliches oder psychisches Leiden bedingt, erscheint das Ergebnis unfair und ethisch fragwürdig (Perman et al., 2011).

Dieses Beispiel legt es nahe, bei der Konzeption einer sozialen Wohlfahrtsfunktion das Wohl der Benachteiligten stärker zu berücksichtigen. Dies kann dadurch geschehen, dass statt der einfachen Nutzensumme eine gewogene Summe verwendet wird. Eine grundlegendere Modifikation ist jedoch diejenige, die aus der Theorie der Gerechtigkeit von John Rawls (1971) abgeleitet werden kann. Sie besteht darin, die soziale Wohlfahrt mit dem Wohl (Nutzen) der am schlechtesten gestellten Person zu identifizieren. Wenn beispielsweise die Gesellschaft aus zwei Personen besteht, entspricht also die soziale Wohlfahrt dem Nutzen der Person mit dem geringeren Nutzen.

Die Maximierung dieser Wohlfahrtsfunktion führt zu einer Gleichverteilung des Nutzens: Ist der Nutzen einer Person größer als der einer anderen, entspricht die soziale Wohlfahrt dem Nutzen der letzteren und kann erhöht werden durch

Erhöhung dieses Nutzens – aber nur soweit, dass er nicht den Nutzen der ersten Person übersteigt (wodurch deren Nutzen zum Maß der sozialen Wohlfahrt würde). Die einzige Konstellation, bei der keine Wohlfahrtssteigerung möglich ist, ist die Gleichverteilung des Nutzens. Bei identischen Nutzenfunktionen impliziert dies eine Gleichverteilung der Einkommen (wie im Fall des Utilitarismus). Sind die Nutzenfunktionen hingegen verschieden, impliziert es, dass die Personen, die weniger effizient bei der Erzeugung von Nutzen aus Einkommen sind, ein höheres Einkommen erhalten (im Gegensatz zum Fall des Utilitarismus).

Während die Gleichverteilung des Nutzens das grundlegende Prinzip in Rawls' Theorie der Gerechtigkeit ist, nimmt er eine wichtige Einschränkung vor: Wenn bei einer gewissen Ungleichheit das zu verteilende Gesamteinkommen höher ausfällt (etwa durch höhere Arbeitsanreize), kann es im Interesse der schlechter Gestellten sein, eine solche Ungleichheit zu akzeptieren (Differenzprinzip) – soweit ihr Nutzen (Wohlergehen) vom absoluten und nicht (wie in Kap. 3 gesehen) vom relativen Einkommen abhängt.

5.3   Ethik und Klimawandel

Ein grundlegendes ethisches Problem in Bezug auf den Klimawandel besteht darin, dass der Nutzen seiner Eindämmung – durch Beschränkung der Treibhausgasemissionen – überwiegend in der Zukunft eintritt, die zugehörigen Kosten aber in der Gegenwart. Dies wirft die Frage auf, wie alternative Emissionspfade wohlfahrtsökonomisch zu bewerten sind und welche Rolle dabei eine mögliche Diskontierung zukünftigen Nutzens spielt. Geht man im Sinne einer intergenerativen Unparteilichkeit davon aus, dass der Nutzen gegenwärtiger und zukünftiger Generationen gleichwertig ist, so ist eine Diskontierung zukünftigen Nutzens nur durch die Annahme eines im Laufe der Zeit – unabhängig vom Klimawandel – steigenden Aussterberisikos begründbar.

Die Frage nach den Wohlfahrtswirkungen der Verfolgung bestimmter Emissionspfade wurde erstmals in dem von der britischen Regierung in Auftrag gegebenen *Stern Review* (Stern, 2007) untersucht. Dabei wurde ein sogenanntes Integriertes Bewertungsmodell verwendet, das die Wechselwirkung zwischen dem globalen Wirtschaftssystem und dem Klimasystem abbildet. Wohlfahrt wurde im Sinne einer intertemporalen utilitaristischen Wohlfahrtsfunktion spezifiziert, bei der der Nutzen vom Konsum abhängt, der wiederum vom Einsatz fossiler Energien abhängt. Zukünftiger Nutzen wurde mit einer jährlichen Rate von 0,1 % abgezinst. So klein diese Zahl auch erscheinen mag, so ist sie doch gleichbedeutend mit einer zehnprozentigen Wahrscheinlichkeit des Aussterbens innerhalb der nächsten 100 Jahre. Die Analyse berücksichtigte ein Business-as-usual-Szenario und ein Minderungsszenario. Im Minderungsszenario wurde angenommen, dass die globale Treibhausgaskonzentration bei 550 ppm (parts per million) stabilisiert werden sollte, wozu die globalen Emissionen bis zum Jahr 2050 um 25 % gegenüber ihrem Niveau im Jahr 2000 reduziert werden müssten.

Bei den Modellrechnungen wurde festgestellt, dass bei einem Business-as-usual-Emissionspfad Klimaschäden zu erwarten sind, deren Gegenwartswert einer Reduzierung des globalen Pro-Kopf-Konsums um 10,9 % entspricht, während der Schaden im Minderungsszenario auf 1,1 % reduziert würde. Diese Schadensreduzierung übersteigt bei weitem die damit verbundenen Kosten, die auf ein Prozent geschätzt wurden. Die Ergebnisse hängen jedoch stark von der Diskontierung ab. Wird zukünftiger Schaden (Nutzenverlust) mit einer Rate von 0,15 % statt 0,1 % abgezinst, sinkt der Gegenwartswert der Schäden, da sie hauptsächlich in der Zukunft auftreten, von 10,9 auf 3,1 % des Pro-Kopf-Konsums (Dietz et al., 2007).

Eine Nutzendiskontierung mit 0,15 % pro Jahr (entspricht 14 % pro Jahrhundert) ist kaum mit einer Interpretation im Sinne von Aussterbewahrscheinlichkeiten vereinbar. Während jedoch oben angenommen wurde, dass – angesichts des Postulats der Unparteilichkeit – künftiger Nutzen nur diskontiert werden sollte, um die Wahrscheinlichkeit des Aussterbens widerzuspiegeln, kann alternativ argumentiert werden, dass die Diskontierung das ethische Urteil von Menschen zum Ausdruck bringt, wie sehr ihnen das Wohlergehen künftiger Generationen am Herzen liegt. Derartige Urteile wären dann genauso legitim wie beispielsweise Einstellungen zur Todesstrafe oder Abtreibung (Heal & Millner, 2014).

Diese Sichtweise folgt eher einem deskriptiven als einem präskriptiven Ansatz. Anstatt eine unparteiische ethische Position zu postulieren, kommt es auf die ethische Haltung der heutigen Generation an. Das Gewicht, das dem Nutzen zukünftiger Generationen beigemessen wird, erfasst dann den Grad des generationsübergreifenden Altruismus der heutigen Generation. Das Gewicht des Nutzens zukünftiger Generationen kann somit geringer sein als das des Nutzens der aktuellen Generation, und es kann in Bezug auf den zeitlichen Abstand abnehmen.

Trotz des deskriptiven Charakters dieser Argumentation können Nutzengewichte, die mit zunehmender (zeitlicher) Entfernung abnehmen, dennoch vor einem präskriptiven ethischen Hintergrund interpretiert werden: Sie können als Ausdruck abnehmender moralischer Verpflichtungen gegenüber entfernteren Personen aufgefasst werden. Dies steht im Einklang mit der Ansicht von Adam

Smith aus seiner *Theorie der moralischen Gefühle,* dass moralische Verpflichtungen gegenüber entfernteren Menschen geringer sind als gegenüber nahestehenden Menschen (siehe Kap. 1).

Fazit

Die Wohlfahrtsökonomik, als normativer Zweig der Wirtschaftswissenschaft, basiert auf konsequenzialistischer Ethik. Unterschiedliche Formulierungen der sozialen Wohlfahrtsfunktion führen zu unterschiedlichen Schlussfolgerungen bezüglich ökonomischer Ungleichheit. Bei der Wohlfahrtsanalyse des Klimaschutzes ist die Nutzendiskontierung ein zentraler Faktor.

Klimaschutz, Kooperation und deontologisches Handeln

6

6.1 Klimaschutz als globales öffentliches Gut

Das Problem des menschengemachten Klimawandels besteht bekanntlich darin, dass Kohlendioxid (CO_2) und andere sogenannte Treibhausgase, die durch menschliche Aktivitäten freigesetzt werden, sich in der Erdatmosphäre anreichern und dadurch den Strahlungshaushalt der Erde verändern, sodass es zu einem globalen Anstieg der Temperaturen kommt (Rahmstorf & Schellnhuber, 2019), was mit weitreichenden ökologischen, sozialen und wirtschaftlichen Schäden verbunden ist (IPCC, 2022). Eine Reduktion der Treibhausgasemissionen (Dekarbonisierung) ist deshalb mit Nutzen in Form vermiedener Klimaschäden verbunden, denen Kosten in Form von Wohlstandseinbußen durch Verzicht auf die Nutzung fossiler Energieträger (Kohle, Öl, Gas) gegenüberstehen (siehe Abschn. 5.3).

Wie in Kap. 1 skizziert sind Maßnahme zur Rückführung der Treibhausgasemissionen ein *globales öffentliches Gut,* da sie weltweit allen vom Klimawandel Betroffenen zu Gute kommen und niemand von diesem Nutzen ausgeschlossen werden kann. Ferner kommt es für den Nutzen, den jede oder jeder Betroffene aus dem Klimaschutz zieht, nicht darauf an, wo auf der Welt die Emissionen reduziert werden. Emissionsminderungen verschiedener Länder sind somit vollkommene Substitute füreinander (Buchholz & Sandler, 2021), sodass der Nutzen des Klimaschutzes einzig von der globalen *Summe* der Reduktionen aller Länder abhängt.

Zur Veranschaulichung wird im Folgenden eine bestimmte Nutzenfunktion für Emissionsminderungen angenommen. Diese hat die Eigenschaft des abnehmenden Grenznutzens: Je höher das Niveau der globalen Emissionsminderungen bereits ist, umso geringer ist der *zusätzliche* Nutzen (Grenznutzen), den ein Land

H. Welsch, *Glück, Natur und Moral in der Wirtschaftswissenschaft*, essentials, https://doi.org/10.1007/978-3-658-41804-5_6

aus einer weiteren Minderung zieht.[1] Bezeichnet man mit q_1, q_2 usw. die Emissionsminderungen der Länder 1, 2 usw., so können diese Eigenschaften beispielhaft durch folgende Nutzenfunktion für ein beliebiges Land i zum Ausdruck gebracht werden, wobei N_i ein positiver Parameter ist:

$$Nutzen\,in\,Land\,i = N_i \cdot \sqrt{q_1 + q_2 + q_3 + ...} \qquad (6.1)$$

Im Gegensatz zum Nutzen einer Emissionsminderung fallen die Kosten bei demjenigen Land an, dass sie unternimmt. Dabei sind die Kosten jeder *weiteren* Emissionsminderungseinheit umso höher, je höher das *Niveau* der Emissionsminderung bereits ist (steigende Grenzkosten).[2] Dies kann beispielhaft durch folgende Kostenfunktion dargestellt werden, wobei K_i ein positiver Parameter ist:

$$Kosten\,in\,Land\,i = K_i \cdot q_i^2. \qquad (6.2)$$

Der Ertrag des Klimaschutzes stellt sich dar als:

$$Ertrag\,in\,Land\,i = Nutzen\,in\,Land\,i - Kosten\,in\,Land\,i. \qquad (6.3)$$

Im Folgenden wird zunächst der Fall betrachtet, dass es nur zwei Länder gibt, die jeweils entscheiden, ob sie ihre Emissionen auf einem business-as-usual-Niveau belassen (BAU, entsprechend $q_i = 0$) oder ihre Wirtschaft vollständig dekarbonisieren (DEKARB, entsprechend $q_i = 1$). Dabei wird zur Veranschaulichung angenommen, dass die beiden Länder identische Nutzen- und Kostenparameter haben.

---

[1] Dies entspricht dem Umstand, dass der Klimaschaden durch jede weitere Emissionssteigerung umso höher ist, je höher das Niveau der Emissionen ist (steigender Grenzschaden).

[2] Dies entspricht dem Umstand, dass mit steigendem Ausmaß an Emissionsminderung immer teurere Maßnahmen ergriffen werden müssen. Beispielsweise ist die Wärmedämmung von Gebäuden eine kostengünstige Maßnahme, während die Umstellung des Individualverkehrs auf Elektromobilität hohe Kosten aufwirft.

6.2 Klimaschutz als Kooperationsdilemma

Bei Entscheidungen über die Bereitstellung eines öffentlichen Gutes stehen die Entscheider in *strategischer Interaktion* miteinander, das heißt, der Ertrag einer Partei hängt nicht nur von ihrer eigenen Entscheidung ab, sondern auch von den Entscheidungen der anderen Parteien.

Strategische Interaktion führt vielfach zu einem *sozialen Dilemma*, das heißt einer Situation, in der unabhängige Entscheidungen von Akteuren, die rational ihr Eigeninteresse verfolgen, für jeden Einzelnen zu einem geringeren Ertrag führen, als wenn die Akteure koordiniert statt unabhängig handeln würden. Mit anderen Worten: Soziale Dilemmata sind Situationen, in denen individuell rationales Verhalten zu Ergebnissen führt, die kollektiv nicht rational sind.

Das spezifische soziale Dilemma des Klimaschutzes ist ein *Kooperationsdilemma*. Im angesprochenen Fall zweier identischer Länder, die vor der Wahl zwischen BAU und DEKARB stehen, kann das Dilemma durch die Betrachtung der folgenden vier möglichen Fälle veranschaulicht werden, wobei $B = 5$ und $C = 6$ angenommen wird.

- *Fall 1:* Beide wählen *BAU*. Es entstehen weder Kosten noch Nutzen: Ertrag für Land 1 = Ertrag für Land 2 = $5 \cdot 0 - 6 \cdot 0 = 0$.
- *Fall 2:* Beide wählen *DEKARB*, mit den entsprechenden Kosten und Nutzen des kooperativen Handelns: Ertrag für Land 1 = Ertrag für Land 2 = 7= $5 \cdot \sqrt{1+1} - 6 \cdot 1$–6 = 1 (gerundet).
- *Fall 3.* Land 1 wählt *DEKARB*, Land 2 wählt *BAU*. Land 1 trägt die Kosten und genießt den Nutzen seines Handelns: Ertrag für Land 1 = $5 \cdot \sqrt{1} - 6 \cdot 1 = -1$. Land 2 trägt keine Kosten und genießt den Nutzen des Handelns von Land 1: Ertrag für Land 2 = $5 \cdot \sqrt{1} = 5$.
- *Fall 4.* Land 2 wählt *DEKARB*, Land 1 wählt *BAU*. Land 2 trägt die Kosten und genießt den Nutzen seines Handelns: Ertrag für Land 2 = $5 \cdot \sqrt{1} - 6 \cdot 1 = -1$. Land 1 trägt keine Kosten und genießt den Nutzen des Handelns von Land 2: Ertrag für Land 1 = $5 \cdot \sqrt{1} = 5$.

Dieses Beispiel zeigt die Existenz von Kooperationsgewinnen: Wenn beide DEKARB wählen (Fall 2), haben Sie einen höheren Ertrag, als wenn beide BAU wählen (Fall 1). Das Dilemma besteht jedoch darin, dass sie keinen Anreiz haben, dies zu tun: Wenn Land 1 DEKARB wählt, profitiert Land 2 von den dadurch vermiedenen Klimaschäden, und erzielt einen höheren Ertrag als in Fall 2, indem es seinerseits nicht DEKARB, sondern BAU wählt und damit die Klimaschutzkosten vermeidet (Fall 3). Dasselbe gilt spiegelbildlich für Land 1: Wenn Land

2 DEKARB wählt, erzielt Land 1 einen höheren Ertrag durch Wahl von BAU als durch Wahl von DEACARB (Fall 4). Unbeschadet dessen, dass es kollektiv rational wäre, wenn beide DEKARB wählten, ist es für beide Länder individuell rational, BAU zu wählen, egal welche Wahl das jeweils andere Land trifft. In diesem Sinne ist die Wahl von BAU für beide eine sogenannte dominante Strategie, so dass Fall 1 als *Gleichgewicht in dominanten Strategien* resultiert. Darüber hinaus ist es selbst dann, wenn beide Länder eine *Vereinbarung* treffen, DEKARB zu wählen (Fall 2), individuell rational, einseitig von dieser abzuweichen (Fall 3 beziehungsweise Fall 4). Klimaschutzvereinbarungen sind deshalb strukturell instabil – ähnlich wie Vereinbarungen von Erdölförderländern zur Drosselung der Fördermengen, welche regelmäßig scheitern.

6.3   Freiwillige Beiträge zum Klimaschutz

Entscheidungen über Beiträge zu öffentlichen Gütern sind im Allgemeinen keine binären Entscheidungen über zwei vorgegebene Alternativen, wie es im obigen Beispiel angenommen wurde. Vielmehr können beliebige Beiträge gewählt werden, die im Fall des Klimaschutzes zwischen BAU ($q_i = 0$) und vollständiger Dekarbonisierung ($q_i = 1$) liegen können.

Das ökonomische Modell rationaler Entscheidung geht in diesem Fall davon aus, dass die einzelnen Akteure ihren Beitrag so wählen, dass ihr jeweiliger Ertrag, wie oben definiert, maximal wird (individuelle Optimierung). Die Bedingung für ein solches Maximum lautet, dass der Grenznutzen des gewählten Beitrages für das betreffende Land seinen Grenzkosten entspricht. Die Logik dieser Bedingung besteht darin, dass der Ertrag durch Erhöhung beziehungsweise Senkung des Beitrages gesteigert werden könnte (nicht maximal wäre), wenn der Grenznutzen *nicht* gleich, sondern größer oder kleiner als die Grenzkosten wäre.

Die individuelle Optimierung kann verglichen werden mit einem Szenario, in dem die Summe aller Erträge maximiert wird (kollektive Optimierung). Die Bedingung hierfür lautet, dass die *Summe* der Grenznutzen jedes Beitrages, also inklusive des Nutzens für die anderen Akteure, den Grenzkosten entspricht (Samuelson-Regel).

Die Summe der Grenznutzen ist typischerweise erheblich größer als der Grenznutzen für das jeweilige Land, insbesondere, wenn es viele „Nutznießer" gibt. Dementsprechend ist auch die Summe der Beiträge bei kollektiver Optimierung größer als die Summe der Beiträge bei individueller Optimierung. Wie groß diese „Kooperationslücke" ist, hängt von der Anzahl der beteiligten Akteure ab. Wenn wir weiterhin die Spezifikationen (1) bis (3) und die Annahmen $B = 5$ und

$C = 6$ für alle Länder zugrunde legen, beträgt die Lücke 37 % des kollektiven Optimums im Fall von zwei Ländern, 79 % im Fall von zehn Ländern und 95 % im Fall von 100 Ländern. Wenn die Welt also aus zehn Ländern bestünde, die jeweils zehn Prozent zu den globalen Emissionen beitragen und individuell ihren Ertrag maximieren, würde jedes Land nur etwa 20 % der Emissionsminderung vornehmen, die aus kollektiver Sicht optimal wäre.

6.4 Öffentliche Güter und deontologisches Handeln

Das ökonomische Modell rationaler Entscheidung prognostiziert also sehr geringe freiwillige Beiträge zu öffentlichen Gütern, wenn viele Akteure im Spiel sind. Gleichwohl haben die Länder der Welt eine erhebliche Rückführung ihrer Treibhausgasemissionen zugesagt. Die zugesagten Nationalen Klimabeiträge *(Nationally Determined Contributions)* der acht größten Emittenten für 2030 entsprechen einer Rückführung zwischen neun Prozent (China) und 40 % (USA) gegenüber BAU (PBL Climate Pledge NDC tool, https://themasites.pbl.nl/o/climate-ndc-pol icies-tool/). Darüber hinaus engagieren sich auch einzelne Personen beim freiwilligen Klimaschutz. So sagten in einer repräsentativen Befragung 28,4 % der Bürger in 23 europäischen Ländern, dass sie bei einer anstehenden Anschaffung von Haushaltsgeräten „sehr wahrscheinlich" solche mit der höchsten Energieeffizienzstufe wählen würden (European Social Survey, Round 8), obwohl dies zum Zeitpunkt der Befragung ökonomisch nicht rentabel war (Andor et al., 2020). Nur 1,7 % aller Befragten und 3,7 % derjenigen im untersten Zehntel der Einkommensverteilung bezeichneten dies als „überhaupt nicht wahrscheinlich".

Obwohl die Nationalen Klimabeiträge wie auch die freiwilligen individuellen Handlungen nicht ausreichen, die Erderwärmung auf 1,5–2 °C (laut dem Pariser Klimaabkommen) zu begrenzen (UNEP, 2022), sind sie weit größer, als es nach dem beschriebenen ökonomischen Standardmodell zu erwarten wäre. Wie ist dies zu erklären?

Ein möglicher Erklärungsansatz beinhaltet altruistisches statt rein eigennützigem Verhalten, das heißt, Akteure berücksichtigen den Nutzen des jeweiligen Beitrages nicht nur für sie selbst, sondern für Andere. Jedoch müsste typischerweise der Altruismus sehr stark sein, um das Kooperationsdilemma zu überwinden. So müsste im oben beschriebenen Zwei-Länder-Modell der Parameter B zur Berücksichtigung von Altruismus vervierfacht werden, damit DEKARB zu einer gegenüber BAU dominanten Strategie wird.

Die Fragwürdigkeit von Altruismus als Erklärung für Beiträge zu öffentlichen Gütern wurde erstmals von Andreoni (1988) aufgezeigt. Das von ihm verwendete Modell bezieht sich auf Individuen mit altruistischen Präferenzen und einem gegebenen Einkommen unterschiedlicher Höhe, welches auf privaten Konsum und einen Beitrag zu einem öffentlichen Gut aufgeteilt werden kann. In diesem Rahmen wird abgeleitet, dass nur ein kleiner Teil der Bevölkerung zum öffentlichen Gut beiträgt, und zwar nur die sehr Reichen. Im Gegensatz zu diesen Vorhersagen zeigen Daten zum Spendenverhalten, dass 85 % der US-Bürger für Wohltätigkeitszwecke spenden und es sich selbst im untersten Viertel der Einkommensverteilung um erhebliche Beträge handelt. Die Schlussfolgerung lautet, dass auch bei altruistischen Präferenzen – aber ansonsten üblichen Annahmen – tatsächliche Beiträge zu öffentlichen Gütern nicht erklärt werden können. Deshalb ist offenbar eine Änderung anderer Annahmen angezeigt.

Zu den relevanten anderen Annahmen gehört das grundlegende Paradigma, dass ökonomische Akteure sich bei ihren Handlungen ausschließlich an den (erwarteten) Auswirkungen (Konsequenzen) der Handlungen orientieren, die Handlungen als solche aber keinen eigenen (deontologischen) Wert haben. Nimmt man hingegen an, dass bestimmte Handlungen per se den Akteuren einen bestimmten (psychologischen) Nutzen stiften, lassen sich nennenswerte Beiträge zu öffentlichen Gütern rational erklären (Andreoni, 1990).

Der theoretisch postulierte deontologische Nutzen freiwilliger Beiträge zu öffentlichen Gütern – als „warm glow" bezeichnet – ist inhaltlich unbestimmt. Unter Rückgriff auf psychologische Forschung hat die Wirtschaftswissenschaft neuerdings die Übereinstimmung von Handlungen mit sozialen Normen und moralischen Werten als Quellen von „warm glow" thematisiert, wie im nächsten Kapitel erörtert wird.

Fazit

Individuell rationale freiwillige Beiträge zu öffentlichen Gütern wie dem Klimaschutz sind geringer als es kollektive Rationalität erfordert. Gleichzeitig sind solche Beiträge vielfach größer als es gemäß konsequenzialistischem Kalkül zu erwarten wäre. Zur Erklärung solcher Beiträge hat die moderne Wirtschaftswissenschaft das konsequenzialistische Paradigma um deontologische Handlungsmotive erweitert.

Moral in der modernen Wirtschaftswissenschaft

7

7.1 Normen und deontologisches Handeln

Der in Kap. 6 angesprochene psychologische Nutzen freiwilliger Beiträge zu öffentlichen Gütern, der unabhängig von den Handlungsfolgen auftritt (deontologischer Nutzen), kann auf äußere (extrinsische) und innere (intrinsische) Motive zurückgeführt werden, die im Zusammenhang mit bestimmten Normen stehen (Nyborg 2018). Ein extrinsischer Nutzen beruht auf sozialer Billigung von Handlungen, die im Einklang mit *sozialen Normen* stehen, und Missbilligung von Handlungen, die ihnen zuwiderlaufen. Demgegenüber beruht intrinsischer Nutzen auf innerer Befriedigung über die Übereinstimmung der Handlungen mit *moralischen Normen*.

Hinsichtlich sozialer Normen ist von Belang, dass sie einem Wandel unterliegen. In der jüngeren Geschichte hat es vielfältige Beispiele für den Wandel sozialer Normen gegeben, beispielsweise hinsichtlich Partnerschaft und Familie oder dem Rauchen in der Öffentlichkeit. Damit solche Normänderungen eintreten, müssen soziale Kipppunkte überschritten werden, das heißt, damit ein Konformitätsmechanismus wirksam wird, müssen bereits genügend Menschen ihr Verhalten geändert haben (Nyborg et al., 2016). Bei sozialen Normen bezüglich öffentlicher Güter kommt hinzu, dass „neue Normen" (beispielsweise Nachhaltigkeit) nicht nur mit „alten" Normen (beispielsweise materiellem Status), sondern auch mit den inhärenten Anreizen zum Trittbrettfahren konkurrieren (Kap. 6).

Hinweise auf soziale Kipppunkte beim Klimaschutz liefert eine Studie mit rund 30.000 Personen aus 23 europäischen Ländern (Welsch, 2022a). Die Studie nutzte Umfragedaten zum Kauf energieeffizienter Haushaltsgeräte als Indikator für individuelle Beiträge zum Klimaschutz. Die Studie ergab, dass ein Anstieg der subjektiv wahrgenommenen Verbreitung dieses Verhaltens damit einhergeht,

H. Welsch, *Glück, Natur und Moral in der Wirtschaftswissenschaft*, essentials, https://doi.org/10.1007/978-3-658-41804-5_7

dass die Bereitschaft sich selbst entsprechend zu verhalten *abnimmt* – sofern die wahrgenommene Verbreitung unterhalb eines bestimmten Schwellenwertes liegt. Dies passt zur Idee eines Trittbrettfahrerverhaltens beim Klimaschutz: Je größer der Beitrag Anderer, umso geringer ist mein individuell rationaler eigener Beitrag. Wenn hingegen ein Schwellenwert überschritten wird, geht jeder weitere Anstieg in der wahrgenommenen Verbreitung des Verhaltens damit einher, dass die eigene Bereitschaft beizutragen *zunimmt* – im Einklang mit der Vorstellung, dass ein solches verbreitetes Verhalten eine soziale Norm darstellt. Der geschätzte Schwellenwert lag je nach Land zwischen 30 und 56 %.

Damit soziale Normen – im Wege sozialer Billigung oder Missbilligung – einen Einfluss auf ein Verhalten haben, muss das Verhalten idealerweise von außen beobachtbar sein. Demgegenüber wirken moralische Normen unabhängig von der Beobachtbarkeit der Handlungen. Insofern als manche umwelt- und klimaschützende Handlungen von außen kaum beobachtbar sind, kann vermutet werden, dass sie eher durch moralische als durch soziale Normen motiviert sind. Hinzu kommt, dass moralische Normen dazu beitragen können, dass ein bestimmtes Verhalten zur sozialen Norm wird.

7.2   Moralische Grundwerte

Moralische Motive sind in der Literatur über die freiwillige Bereitstellung öffentlicher Güter vielfach thematisiert worden (siehe etwa Brekke et al., 2003; Chorus, 2015), jedoch blieb unklar, welche allgemeinen moralischen Werte diesen Motiven zugrunde liegen. Dies liegt daran, dass eine schlüssige und empirisch anwendbare Theorie moralischen Handelns erst seit kurzem vorliegt: die Theorie moralischer Grundwerte oder -prinzipien (Moral Foundations Theory). Diese ist für das Thema der freiwilligen Bereitstellung öffentlicher Güter unmittelbar relevant, da sie auf einer funktionalistischen Sichtweise menschlicher Moral basiert, nach der moralische Systeme sich in der biologisch-kulturellen Evolution herausgebildet haben, um die kooperative Erstellung von Gemeinschaftsgütern durch Eindämmung von Trittbrettfahrerverhalten zu erleichtern (Graham et al., 2011; Haidt, 2012; Tomasello, 2016).

Die Theorie der moralischen Grundwerte wurde entwickelt, indem die von der evolutionären Anthropologie beschriebenen elementaren Herausforderungen des Gemeinschaftslebens mit Tugenden in Beziehung gesetzt wurden, die in allen Kulturen der Welt in der einen oder anderen Weise anzutreffen sind (Haidt & Joseph, 2007). Die Grundwerte lauten (Graham et al., 2011; Haidt, 2012): Fürsorge, Fairness, Freiheit, Loyalität, Autorität und Reinheit. Die zugehörigen

Herausforderungen im Gemeinschaftslebens sind: der Schutz verletzlicher Nachkommen (Fürsorge), die Aufteilung von Kooperationsgewinnen (Fairness), die Eindämmung despotischer Tendenzen (Freiheit), die Stabilisierung von Koalitionen im Wettbewerb mit anderen Koalitionen (Loyalität), die Stützung effizienter Statushierarchien (Autorität) und der Schutz gegen unreine Stoffe (Reinheit).

Verhaltenspsychologisch stellen sich die Grundwerte als moralische Normen dar, die durch bestimmte Auslöser aktiviert werden. Diese Auslöser sind im modernen Leben teilweise allgemeiner oder abstrakter als die ursprünglichen, archaischen Herausforderungen. Ebenso sind die zeitgenössischen Ausprägungen der Grundwerte teilweise allgemeiner. So stellt sich das Prinzip Fürsorge als Mitmenschlichkeit dar und das Prinzip Reinheit als Unantastbarkeit.

Tab. 7.1 gibt einen Überblick über die moralischen Grundwerte, die zugehörigen ursprünglichen Herausforderungen, die idealtypischen Auslöser der entsprechenden Normen und die mit den Prinzipien assoziierten Tugenden. Dabei geben die angeführten Auslöser einen Hinweis darauf, welche Prinzipien für umwelt- und klimafreundliches Verhalten relevant sein könnten. Die Tugendwörter dienen der Veranschaulichung der inhaltlichen Bedeutung der Prinzipien. Beispielsweise legen die mit dem Prinzip der Reinheit assoziierten Tugenden von Mäßigung oder Frömmigkeit es nahe, dass das Prinzip der Reinheit (Unantastbarkeit) eine Wertschätzung für Traditionen, Sitten und Gebräuche impliziert.

Eine Orientierung an den moralischen Grundwerten findet sich in allen Kulturen, Gesellschaften und sozioökonomischen Gruppen, jedoch in unterschiedlichem Ausmaß. Insbesondere ist hier eine Unterscheidung von Belang zwischen Individuen-bezogenen oder universalistischen Prinzipien – Fürsorge/ Mitmenschlichkeit, Fairness und Freiheit – die für alle Menschen unabhängig von der Zugehörigkeit zur eigenen Gruppe gelten, und Gruppen-bezogenen parochialen Prinzipien – Loyalität, Autorität und Reinheit/Unantastbarkeit. Während die universalistischen Prinzipien in der von der Philosophie der Aufklärung geprägten „westlichen" Kultur einen hohen Stellenwert haben, sind „östliche" Kulturen stärker von parochialen Prinzipien geprägt (Haidt, 2012). Ferner kann ein zunehmender Stellenwert von Fürsorge, Fairness und Freiheit als Katalysator für den erwähnten Wandel sozialer Normen, etwa bezüglich des Rauchens in der Öffentlichkeit (Fürsorge und Fairness) oder von Partnerschaft und Familie (Freiheit) angesehen werden.

Der Unterschied zwischen universalistischen und parochialen Prinzipien ist von potenzieller Bedeutung für klimafreundliches Verhalten, da Klimaschutz ein *globales* öffentliches Gut ist (Kap. 6), das heißt, klimafreundliches Verhalten hat eine Reichweite, die über die eigene Gruppe (etwa Region oder Nation) hinausgeht, und erfordert moralische Rücksichtnahme gegenüber *allen* Menschen.

Tab. 7.1 Theorie der moralischen Grundwerte (Moral Foundations Theory)

	Fürsorge/ Mitmenschlichkeit	Fairness	Freiheit	Loyalität	Autorität	Reinheit/ Unantastbarkeit
Elementare Herausforderungen	Schutz verletzlicher Nachkommen	Aufteilung von Kooperationsgewinnen	Eindämmung despotischer Tendenzen	Stabilisierung von Koalitionen	Stützung effizienter Statushierarchien	Schutz gegen unreine Stoffe
Ursprüngliche Auslöser	Bedürftigkeit Leiden Not	Kooperation Betrug Täuschung	Rowdies Tyrannen	Bedrohungen der Gruppe	Zeichen von Dominanz und Unterwerfung	Abfall Infektionen
Relevante Tugenden	Fürsorglichkeit Freundlichkeit Hilfsbereitschaft	Fairness, Gerechtigkeit	Unabhängigkeit	Loyalität Patriotismus Opferbereitschaft	Gehorsam Ehrerbietung	Mäßigung Keuschheit Frömmigkeit Sauberkeit

Anmerkung: Angelehnt an Haidt (2012), S. 146 und S. 200–211

7.3 Moral und freiwillige Beiträge zum Klimaschutz

Um den Zusammenhang zwischen der Unterstützung der moralischen Grundwerte und klimafreundlichem Verhalten zu untersuchen, wurde auf eine repräsentative Bevölkerungsumfrage (European Social Survey, Round 8) zurückgegriffen, die Indikatoren für beides enthält (Welsch, 2020). Während in der psychologischen Forschung der Grad der Unterstützung der moralischen Grundwerte durch einen speziellen Fragebogen (Moral Foundations Questionnaire) gemessen wird (Graham et al., 2011), wurden in dieser Studie die moralischen Grundwerte durch Variablen angenähert, die die oben skizzierte inhaltliche Bedeutung dieser Werte widerspiegeln (Tab. 7.1).

Die Auswertung von Daten für rund 25.000 Personen in 16 westeuropäischen Ländern ergab, dass die geäußerte Bereitschaft, energieeffiziente Geräte zu kaufen und den Energieverbrauch durch Verhaltensänderungen zu reduzieren, sowie die Unterstützung klimabezogener staatlicher Maßnahmen (Steuern, Subventionen und Verbot von energieineffizienten Geräten) positiv mit der Befürwortung der moralischen Grundwerte zusammenhing, am stärksten mit der Befürwortung von Fürsorge, Fairness und Loyalität. Die Bedeutung der Loyalität (Sorge um das Wohlergehen nahestehender Menschen) für das klimafreundliche Verhalten verschwand jedoch, wenn ein Indikator für das Pflichtgefühl gegenüber der Umwelt als zusätzlicher Erklärungsfaktor berücksichtigt wurde. Hingegen schwächte sich die Bedeutung von Fürsorge und Fairness zwar ab, verschwand jedoch nicht.

Zur Interpretation dieser Ergebnisse wird in der Studie argumentiert, dass das Pflichtgefühl gegenüber der Umwelt sich mutmaßlich sowohl auf das globale öffentliche Gut Klimaschutz als auch auf lokale oder regionale Umweltprobleme bezieht. Wird auf dieses allgemeine Pflichtgefühl für die Umwelt kontrolliert, liegt der verbleibende Fokus auf dem Verhältnis zwischen dem Schutz des globalen Umweltgutes und den moralischen Grundlagen. Somit deuten die Ergebnisse auf einen positiven Einfluss der universalistischen Moral auf die Beiträge zum globalen Umweltgut hin, während die gruppenbezogene Moral eher lokalen/regionalen Umweltgütern zu Gute kommt.

Ein positiver Zusammenhang zwischen universalistischer Moral und Bereitschaft zum Klimaschutz ergab sich auch anhand von Daten aus den USA (Dickinson et al., 2016) und Finnland (Vainio & Mäkiniemi, 2016). Ferner ergab eine experimentelle Studie aus den USA, dass die Teilnehmer umso mehr für Klima spendeten, je mehr sie universalistische Werte *relativ* zu gruppenbezogenen unterstützten (Falk et al., 2021).

Neben ihrer direkten Bedeutung für klimafreundliches Verhalten haben die moralischen Grundwerte auch einen indirekten Einfluss darauf, da eine *geringere* Unterstützung universalistischer Moral mit einer stärkeren Tendenz zur „Klimaskepsis" einhergeht (Welsch, 2021), und dies umso stärker, je höher der Bildungsgrad der jeweiligen Personen ist (Welsch, 2022b). Die Erklärung hierfür liegt in der kognitionspsychologischen Erkenntnis, dass Menschen bei politisch umstrittenen Themen dazu neigen, Informationen so auszuwählen und zu verarbeiten, dass es zu ihren politisch-moralischen Werten passt, und die Fähigkeit hierzu mit den kognitiven Fähigkeiten steigt (Kahan, 2017; Kahan et al., 2012).

Fazit

In Übereinstimmung mit der Idee eines ergebnisunabhängigen psychologischen Nutzens aus der freiwilligen Bereitstellung öffentlicher Güter wird klimafreundliches Verhalten durch soziale und moralische Normen befördert. Dabei spielt die Orientierung an universalistischen moralischen Grundwerten eine herausgehobene Rolle, während die Rolle gruppenbezogener Werte ambivalent ist.

Was Sie aus diesem *essential* mitnehmen können

- Verschafft einen Überblick über drei miteinander verflochtene Gebiete, die in der Wirtschaftswissenschaft zunehmende Bedeutung erlangen.
- Zeigt, dass die natürliche Umwelt für das menschliche Wohlergehen von zentraler Bedeutung ist und moralische Werte für umweltverträgliches Verhalten unerlässlich sind.
- Liefert eine kompakte und verständliche Zusammenfassung aktueller Forschungsergebnisse.

Literatur

Ahmadiani, M., & Ferreira, S. (2019). Environmental amenities and quality of life across the united states. *Ecological Economics, 164,* 106341.

Ahmadiani, M., & Ferreira, S. (2021). Well-being effects of extreme weather events in the United States. *Resource and Energy Economics, 64,* 101213.

Alesina, A., Di Tella, R., & MacCulloch, R. (2004). Inequality and happiness: Are Europeans and Americans different? *Journal of Public Economics, 88,* 2009–2048.

Ambrey, C. L., Fleming, C. M., & Chan, A. Y. C. (2014). Estimating the cost of air pollution in South East Queensland: An application of the life satisfaction non-market valuation approach. *Ecological Economics, 97,* 172–181.

Andor, M., Gerster, A., & Sommer, S. (2020). Consumer inattention, heuristic thinking and the role of energy labels. *Energy Journal, 41,* 83–122.

Andreoni, J. (1988). Privately provided public goods in a large economy: The limits of altruism. *Journal of Public Economics, 35,* 57–73.

Andreoni, J. (1990). Impure altruism and donations to public goods: A theory of warm-glow giving. *Economic Journal, 100,* 464–477.

Bentham, J. (1780). *An introduction to the principles of morals and legislation.* T. Payne and Sons.

Berlemann, M. (2016). Does hurricane risk affect individual well-being? *Empirical Evidence on the Indirect Effects of Natural Disasters, Ecological Economics, 124,* 99–113.

Bertrand, M., & Mullainathan, S. (2001). Do people mean what they say? *Implications for Subjective Survey Data, American Economic Review, 91,* 67–72.

Birnbacher, D. (2013). *Analytische Einführung in die Ethik* (3. Aufl.). De Gruyter.

Bowles, S., & Carlin, W. (2020). What students learn in economics 101: Time for a change. *Journal of Economic Literature, 58,* 176–214.

Buchholz, W., & Sandler, T. (2021). Global public goods: A survey. *Journal of Economic Literature, 59,* 488–545.

Carroll, N., Frijters, P., & Shields, M. (2009). Quantifying the costs of drought: New evidence from life satisfaction data. *Journal of Population Economics, 22,* 445–461.

Clark, A. E., Georgellis, Y., & Sanfey, P. (2001). Scarring: The psychological impact of past unemployment. *Economica, 68,* 221–241.

Clark, A. E., & Oswald, A. J. (1994). Unhappiness and unemployment. *Economic Journal, 104,* 648–659.

49

Clark, A. E., & D'Ambrosio, C. (2015). Attitudes to income inequality: Experimental and survey evidence. In A. B. Atkinson & F. Bourguignon (Hrsg.), *Handbook of income distribution* (S. 1147–1208). Elsevier.

Clark, A. E., D'Ambrosio, C., & Ghislandi, S. (2015). Poverty profiles and well-being: Panel evidence from Germany. *Research on Economic Inequality, 23*, 1–22.

Clark, A. E., D'Ambrosio, C., & Ghislandi, S. (2016). Adaptation to poverty in long-run panel data. *Review of Economics and Statistics, 98*, 591–600.

CORE Team. (2017). *The economy*. Oxford University Press. Deutsche Übersetzung: *Die Wirtschaft*. https://www.core-econ.org/the-economy/de.

Dasgupta, P. (2021). *The economics of biodiversity: The dasgupta review*. HM Treasury.

Dasgupta, P., & Heal, G. (1979). *Economic theory and natural resources*. Cambridge University Press.

De Neve, J. E., Ward, G., De Keulenaer, F., Van Landeghem, B., Kavetsos, G., & Norton, M. I. (2018). The asymmetric experience of positive and negative economic growth: Global evidence using subjective well-being data. *Review of Economics and Statistics, 100*, 362–375.

Di Tella, R., & MacCulloch, R. (2007). Gross national happiness as an answer to the Easterlin paradox? *Journal of Development Economics, 86*, 22–42.

Di Tella, R., MacCulloch, R. J., & Oswald, A. J. (2001). Preferences over inflation and unemployment: Evidence from surveys of happiness. *American Economic Review, 91*, 335–341.

Dickinson, J. L., McLeod, P., Bloomfield, R., & Allred, S. (2016). Which moral foundations predict willingness to make lifestyle changes to avert climate changes in the USA? *PLoS ONE, 11*(10), e0163852. https://doi.org/10.1371/journal.pone.0163852.

Diener, E. (1984). Subjective well-being. *Psychological Bulletin, 95*, 542–575.

Diener, E., Suh, E. M., Lucas, R. E., & Smith, H. L. (1999). Subjective well-being: Three decades of progress. *Psychological Bulletin, 125*, 276–302.

Dietz, S., Hope, C., Stern, N., & Zenghelis, D. (2007). Reflections on the stern review: (1) A robust case for strong action to reduce the risks of climate change. *World Economics, 8*, 121–168.

Easterlin, R. (1974), Does economic growth improve the human lot? Some empirical evidence. In P.A. David and M.W. Reder (Hrsg.), *Nations and households in economic growth: essays in honour of moses abramovitz*. Academic Press.

Easterlin, R. A. (1995). Will raising the incomes of all increase the happiness of all? *Journal of Economic Behavior and Organization, 27*, 35–47.

Easterlin, R. A., Angelescu McVey, L., Switek, M., Sawangfa, O., & Smith Zweig, J. (2010). The happiness-income paradox revisited. *Proceedings of the National Academy of Sciences, 107*, 22463–22468.

Easterly, W., & Fischer, S. (2001). Inflation and the poor. *Journal of Money, Credit and Banking, 33*, 160–178.

Falk, A., Andre, P., Boneva, T., & Chopra, F. (2021). *Fighting climate change: the role of norms, preferences, and moral values*. CESifo Working Paper No. 9175.

Ferreira, S., Akay, A., Brereton, F., Cuñado, J., Martinsson, P., Moro, M., & Ningal, T. F. (2013). Life satisfaction and air quality in Europe. *Ecological Economics, 88*, 1–10.

Fleurbaey, M. (2009). Beyond GDP: The quest for a measure of social welfare. *Journal of Economic Literature, 47*, 1029–1075.

Frey, B. S., & Stutzer, A. (2002). What can economists learn from happiness research? *Journal of Economic Literature, 40,* 402–435.

Frijters, P., & Krekel, C. (2021). *A Handbook for Wellbeing policy making: History, theory, measurement, implementation, and examples.* Oxford University Press.

Gouveia, N. C., & Maisonet, M. (2005). *Health effects of air pollution: An overview. Air quality guidelines: Global update 2005, regional office for Europe* (S. 87–109). World Health Organization.

Graham, C. (2011). Adaptation amidst prosperity and adversity: Insights from happiness studies from around the world. *World Bank Research Observer, 26,* 105–137.

Graham, J., Nosek, B. A., Haidt, J., Iyer, R., Koleva, S., & Ditto, P. H. (2011). Mapping the moral domain. *Journal of Personality and Social Psychology, 101,* 366–385.

Haidt, J. (2012). *The righteous mind: Why good people are divided by politics and religion.* Penguin.

Haidt, J., & Joseph, C. (2007). The moral mind: How 5 sets of innate intuitions guide the development of many culture-specific virtues and perhaps even modules. In P. Carruthers, S. Laurence, & S. Stich (Hrsg.), *The Innate Mind* (S. 367–391). Oxford University Press.

Heal, G. M., & Millner, A. (2014). Agreeing to disagree on climate policy. *Proceedings of the National Academy of Sciences, 111,* 3695–3698.

Helliwell, J. F., Layard, R., Sachs, J. D., De Neve, J.-E., Aknin, L. B., & Wang, S. (Hrsg.). (2022). *World Happiness Report 2022.* Sustainable development solutions network.

Treasury, H. M. (2021). *Wellbeing guidance for appraisal: Supplementary green book guidance.* HM Treasury.

IPCC. (2022). *Climate change 2022: Impacts, adaptation and vulnerability,* Contribution of Working Group II to the Sixth Assessment Report of the Intergovernmental Panel on Climate Change. Cambridge University Press.

Jarvis Thomson, J. (1985). The trolley problem. *Yale Law Journal, 94,* 1395–1415.

Jebb, A. T., Tay, L., Diener, E., & Oishi, S. (2018). Happiness, income satiation and turning points around the world. *Nature Human Behaviour, 2*(January), 33–38.

Jevons, W. S. (1970). *(1871), The theory of political economy.* Penguin.

Kahan, D. M. (2017). *Misconceptions, misinformation and the logic of identity-protective cognition.* Yale Law & Economics Research Paper No. 575.

Kahan, D. M., Peters, E., Wittlin, M., Slovic, P., Larrimore Ouellette, L., Braman, D., & Mandel, G. (2012). The Polarizing impact of science literacy and numeracy on perceived climate change risks. *Nature Climate Change, 2,* 732–735.

Kahneman, D., & Tversky, A. (1979). Prospect theory: An analysis of decision under risk. *Econometrica, 47,* 263–291.

Kahneman, D., Killingsworth, M.A., Mellers, B. (2023). Income and emotional well-being: A conflict resolved, *Proceedings of the National Academy of Sciences* 120, 2208661120.

Krekel, C., Zerrahn, A. (2017). Does the presence of wind turbines have negative externalities for people in their surroundings? evidence from well-being data. *Journal of Environmental Economics and Management, 82,* 221–238.

Levinson, A. (2012). Valuing public goods using happiness data: The case of air quality. *Journal of Public Economics, 96,* 869–880.

Levinson, A. (2020), Happiness and air pollution. In D. Maddison, K. Rehdanz & H. Welsch (Hrsg.), *Handbook on wellbeing, happiness and the environment.* Edward Elgar.

Li, Q., Stoeckl, N., King, D., & Gyuras, E. (2017). Exploring the impact of coal mining on host communities in Shanxi, China – using subjective data. *Resources Policy, 53,* 125–134.

Lohmann, P., Pondorfer, A., & Rehdanz, K. (2019). Natural hazards and well-being in a small-scale island society. *Ecological Economics, 159,* 344–353.

Luechinger, S. (2009). Valuing air quality using the life satisfaction approach. *The Economic Journal, 119,* 482–515.

MacKerron, G., & Mourato, S. (2013). Happiness is greater in natural environments. *Global Environmental Change, 23,* 992–1000.

Maddison, D., & Rehdanz, K. (2011). The impact of climate on life satisfaction. *Ecological Economics, 70,* 2437–2445.

Maddison, D., & Rehdanz, K. (2020). Cross-country variations in subjective wellbeing explained by the climate. In D. Maddison, K. Rehdanz, & H. Welsch (Hrsg.), *Handbook on wellbeing, happiness and the environment.* Edward Elgar.

Maguire, K., & Winters, J. V. (2017). Energy boom and gloom? *Local effects of oil and gas drilling on subjective well-being, growth and change, 48,* 590–610.

Mäler, K.-G. (1974). *Environmental economics: A theoretical inquiry.* Johns Hopkins University Press.

Methorst, J., Rehdanz, K., Mueller, T., Hansjürgens, B., Bonn, A., & Böhning-Gaese, K. (2021). The importance of species diversity for human well-being in Europe. *Ecological Economics, 181,* 106917.

Nordhaus W.,& Tobin, J. (1973), Is growth obsolete?. In M. Moss (Hrsg.), *The measurement of economic and social performance* (38. Aufl., S. 509–564). Studies in Income and Wealth, NBER.

Nordhaus, W. D. (1994). *Managing the global commons. the economics of climate change.* MIT Press.

Nordhaus, W. D. (2019). Climate change: The Ultimate challenge for economics. *American Economic Review, 109,* 1991–2014.

Nyborg, K. (2018). Social norms and the environment. *Annual Review of Resource Economics, 10,* 405–423.

Nyborg, K., Anderies, J. M., Dannenberg, A., Lindahl, T., Schill, C., Maja Schlüter, W., Adger, N., Arrow, K. J., Barrett, S., Stephen Carpenter, F., Stuart Chapin, I. I. I., Crépin, A.-S., Daily, G., Ehrlich, P., Folke, C., Jager, W., Kautsky, N., Levin, S. A., Madsen, O. J., … de Zeeuw, A. (2016). Social norms as solutions. *Science, 354*(6308), 42–43.

OECD. (2013). *OECD Guidelines on measuring subjective well-being.* OECD Publishing.

Perman, R., Ma, Y., Common, M., Maddison, D., & McGilvray, J. (2011). *Natural resource and environmental economics* (4. Aufl.). Pearson Education Limited.

Piketty, T. (2014). *Das Kapital im 21..Jahrhundert.* Beck.

Rahmstorf, S., & Schellnhuber, H. J. (2019). *Der Klimawandel: Diagnose, Prognose, Therapie* (9. Aufl.). Beck.

Rawls, J. (1971), *Eine Theorie der Gerechtigkeit.* Suhrkamp.

Rehdanz, K., & Maddison, D. (2005). Climate and happiness. *Ecological Economics, 52,* 111–125.

Rodrik, D. (2011). *Das Globalisierungs-Paradox: Die Demokratie und die Zukunft der Weltwirtschaft.* Beck.

Sen, A. (1985). *Commodities and capabilities.* North-Holland.

Smith, A. (1967). *(1759). The theory of moral sentiments*. Andrew Millar.

Smith, A. (1910). *(1776) The wealth of nations*. J.M. Dent & Sons.

Steffen, W., et al. (2018). Trajectories of the earth system in the anthropocene. *Proceedings of the National Academy of Sciences, 115*(33), 8252–8259.

Stern, N. (2007). *The economics of climate change: The stern review*. Cambridge University Press.

Tomasello, M. (2016). *A natural history of human morality*. Harvard University Press.

UNEP. (2022). *Emissions gap report 2022: The closing window*. United Nations Environment Programme.

United Nations. (1993). *System of national accounts 1993*. United Nations.

United Nations. (2014). *System of environmental and economic accounting 2012- central framework*. United Nations.

United Nations. (2021). *The sustainable development goals report 2021*. United Nations.

Vainio, A., & Mäkiniemi, J. P. (2016). How are moral foundations associated with climate-friendly consumption? *Journal of Agricultural and Environmental Ethics, 29*, 265–283.

Von Möllendorff, C., & Hirschfeld, J. (2016). Measuring impacts of extreme weather events using the life satisfaction approach. *Ecological Economics, 121*, 108–116.

Von Möllendorff, C., & Welsch, H. (2017). Measuring renewable energy externalities: Evidence from subjective well-being data. *Land Economics, 93*, 109–126.

Welsch, H. (2002). Preferences over prosperity and pollution: Environmental valuation based on happiness surveys. *Kyklos, 55*, 473–494.

Welsch, H. (2011). The magic triangle of Macroeconomics: How do European countries score? *Oxford Economic Papers, 63*, 71–93.

Welsch, H. (2020). Moral foundations and voluntary public good provision: The case of climate change. *Ecological Economics, 175*, 106696.

Welsch, H. (2021). How climate-friendly behavior relates to moral identity and identity-protective cognition: Evidence from the European social surveys. *Ecological Economics, 185*, 107026.

Welsch, H. (2022a). Do social norms trump rational choice in voluntary climate change mitigation? Multi-country evidence of social tipping points. *Ecological Economics, 20*, 107509.

Welsch, H. (2022b). What shapes cognitions of climate change in Europe? *Ideology, Morality and the Role of Educational Attainment, Journal of Environmental Studies and Sciences, 12*, 386–395.

Welsch, H., & Biermann, P. (2014). Electricity Supply preferences in Europe: Evidence from subjective well-being data. *Resource and Energy Economics, 38*, 38–60.

Welsch, H., & Biermann, P. (2016). Measuring nuclear power plant externalities using life satisfaction data: A spatial analysis for Switzerland. *Ecological Economics, 126*, 98–111.

Welsch, H., & Biermann, P. (2019). Poverty is a public bad: Panel evidence from subjective well-being data. *Review of Income and Wealth, 65*, 187–200.

White, M. P., Pahl, S., Ashbullby, K. J., Herbert, S., & Depledge, M. H. (2013). Feelings of restoration from recent nature visits. *Journal of Environmental Psychology, 35*, 40–51.

Wyles, K., White, M. P., Hattam, C., Pahl, S., & Austin, M. (2019). Are some natural environments more psychologically beneficial than others? *The importance of type and quality on connectedness to nature and psychological restoration, Environment and Behaviour, 51*, 111–143.

Printed in the United States
by Baker & Taylor Publisher Services